こどもスポーツ練習 Q & A

やってみよう
サッカー

大槻

JN108606

ベースボール・マガジン社

マナブくん

スポーツ大好きな男の子

サッカーって楽しいね
もっとうまくなるにはどうすればいいの？
大槻先生に質問してみよう

ゆめちゃん

好奇心いっぱいの女の子

私もやってみたい！
見たことはあるけど、何を覚えればいいの？
教えて大槻先生！

著者　**大槻邦雄先生**

この本を通して、サッカーの楽しみかたを
お伝えします！　難しく考えすぎず
まずはやってみましょう！

はじめに

「サッカーやろう！」。子どもの
ころ、そう言って公園に行っては
サッカーに夢中になった日を思い
出します。公園には知っている顔
だけでなく隣町の子もいて、ボー
ル1つで友達が増えていく感覚が
とても楽しいものでした。それは、
大人になった今も続いています。

2023年、Jリーグは開幕から
30周年を迎えました。日本に世

界的なスター選手が集まり、世界
で活躍する日本人選手も飛躍的に
増えました。Jリーグやその先に
ある華やかな舞台を目標にする子
どもたちも増え、子どもたちを支
える保護者、指導者の方々の意識
も高くなっています。

私はこれまで、指導者として多
くの子どもたち、保護者の方々と
出会ってきました。ふくらむ夢の

この本に出てくる マークの紹介

やってみよう

やってみてほしい動きや練習法

ココが大事！

とくに大事なこと、
意識しておきたいこと

ワンポイント アドバイス

心がけたいこと、
プレーに生かせるポイント

気をつけよう

悪い動作などの例

レベルアップのコツ

より上達するための応用的な
アドバイス

メモ

これも覚えておくといいよ、
というお話

知ってる？

サッカーに関する豆知識

こちらもチェック→

参照したい関連する言葉の紹介

過程では、サッカーに関するものはもちろん、もっと根本的な悩みを抱える方が多くいました。ほとんどの悩みは考えかたを少し変えたり、ちょっとした気づきがあったりすれば解決できることでした。その1つ1つにお答えして、迷っている子どもたちや保護者の方々に声を届けたいという思いで、本書の執筆にチャレンジしました。

本書は子どもたちに向けた技術的なこと、戦術的なことはもちろん、保護者や指導者の方の子どもへの向き合いかたについても、Q＆Aの形でまとめています。本書を通してサッカーに対する考えかたが広まり、ご家族のみなさま、各チームのみなさまにとってサッカーがさらに楽しいものになることを願っています。

もくじ

はじめに……2

第4章　個人で攻める、個人で守る！

第5章　仲間と一緒に試合で勝とう！

第6章 試合の心構え

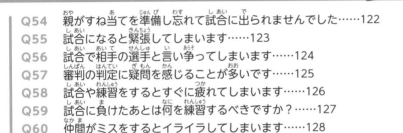

第7章 大人に知ってほしいこと

第1章

サッカーについて知ろう

まずはサッカーの
基本的なことを
学びましょう！

サッカーのこと
いろいろ知りたい！

サッカーって
どんなスポーツですか?

サッカーは11人が協力して、手以外のあらゆる体の部分を使いながら、1つのボールを相手のゴールに入れ合い、得点の数で勝ち負けを争うスポーツです。今のようなルールは19世紀の中ごろにイギリスで決められ、1867年には世界初の大会も開かれています。2022年に開催されたワールドカップ・カタール大会は全世界で35億を超える人たちがテレビで見たといわれ、地球上の多くの人々に愛されています。

大量得点が入りにくく、1点の重みが大きいのも競技の特徴。得点を決めたときの喜びは格別だ

©Getty Images

©Getty Images

A ゴールにボールを入れ合うスポーツです

コミュニケーションがとても大切！

サッカーでは仲間とのコミュニケーションが欠かせません。1チームの人数が11人と多いため、お互いに気を配り、協力し合うことでチームワークが生まれ、みんなでゴールを決める喜びを味わうことができます。試合中は難しいことも、うまくいかないことも起きますが、そういうときこそ前向きになれるような声をかけ合って、チームの雰囲気をよくすることを大切にしてほしいと思います。

仲間同士で励まし合ったり、指示を出し合ったりすることでチームワークも高まる。歓喜の瞬間をみんなで迎えよう

ワンポイントアドバイス 細かいことは気にせず、楽しもう！

サッカーは自由なスポーツです。あれこれ難しく考えずに、仲間と一生懸命ボールを追いかけて、みんなで頑張れば十分。細かいことは気にせず、自分が楽しいと思えるやりかたでボールをけって、どんどん好きになってください！

Q 02 サッカーをやっている国ってどれくらいあるんですか?

国際サッカー連盟（FIFA）という団体に入っている国と地域は、2023年10月現在で211。その数は国際連合の193カ国より多く、世界のスポーツ団体としては最多です。

たとえばイギリスという国は、サッカーではイングランド、スコットランド、ウェールズ、北アイルランドという4つのチーム（地域）に分かれて試合をしています。アジアでも香港やマカオ、台湾などが、それぞれの代表チームで活動しています。

たくさんの国や地域の人々がサッカーを楽しんでいる

ワンポイントアドバイス 言葉が通じなくても仲よくなれる！

サッカーは世界中で広く親しまれているので、ボールが1つあれば、言葉が通じなくてもほかの国の人とすぐに友だちになることができます。ボールをけり合うことで「会話」できるのがサッカーのすばらしいところ。一緒に笑い合えば、仲よくなれること間違いなし！

A 国際連盟に登録しているのは 211 (地域含む) です

国・地域のチームの強さを示すFIFAランキング

国や地域の代表チームの強さを示すものとして「FIFAランキング」があります。これは国際Aマッチと呼ばれる代表チーム同士の試合の結果をもとにして計算されるランキングで、勝ちや引き分けの数によって加えられるポイントで順位を決めていきます。日本は2023年10月現在で男子が18位、女子が8位。今までの最高順位は男子が9位、女子が3位です。

FIFA世界ランキング ベスト10

男子 2023年10月現在		女子 2023年10月現在	
1	アルゼンチン	1	スウェーデン
2	フランス	2	スペイン
3	ブラジル	3	アメリカ合衆国
4	イングランド	4	イングランド
5	ベルギー	5	フランス
6	クロアチア	6	ドイツ
7	オランダ	7	オランダ
8	イタリア	8	日本
9	ポルトガル	9	ブラジル
10	スペイン	10	カナダ
18	日本		

©Getty Images

2023年10月現在、日本は男女ともアジアで最上位にいる

©Getty Images

サッカーのフィールドってなんですか?

A 縦105×横68メートルの長方形の競技の場です

サッカーのフィールドとは競技をおこなう場のことです。それは長方形でなければならず、ゴールラインは45～90メートルの間、タッチラインは90～120メートルの間と決められています。国際的な基準は、ゴールラインが68メートル、タッチラインが105メートルです。

おもなラインとエリア （丸数字は13ページの図に対応）

①タッチライン
フィールドの両サイドのライン。ここからボールが外に出たら、出した側の相手チームがスローインでプレーを再開する

②ゴールライン
ゴールに接しているライン。攻撃側がここからボールを外に出したら守備側がゴールキック、守備側がボールを外に出したら攻撃側がコーナーキックでプレーを再開する

③ハーフウェーライン
フィールドの中央に引かれているライン。このラインで両チームの陣地が分かれる

④センターサークル
センターマークを中心に半径9.15メートルの円で囲まれたエリア。キックオフ*1のときに相手の選手がこのエリアに入ることはできない

⑤ペナルティーエリア
横40.32メートル、縦16.5メートルのラインで囲まれたエリア。ゴールキーパーは自陣のこの中でのみ手を使える。また、攻撃側がこのエリア内でファウルされると、ペナルティーキック*2が与えられる

⑥ゴールエリア
横18.32メートル、縦5.5メートルのラインで囲まれたエリア。ゴールキックはこの中からおこなわれる

⑦コーナーエリア
半径1メートルの4分の1円で囲まれたエリア。コーナーキックのときにはこの中にボールを置いてける

＊1…試合開始時や得点後の再開時などにセンターマークに置かれたボールをけるプレー
＊2…ペナルティーマークにボールを置いてキッカーがけること

サッカーのフィールド (11人制)

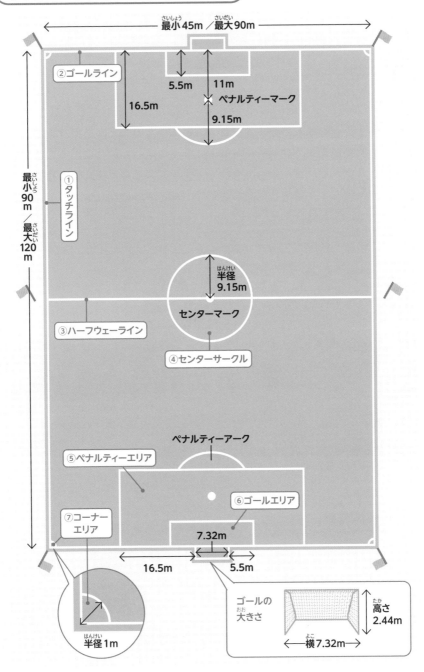

最小45m／最大90m

②ゴールライン

5.5m

11m

ペナルティーマーク

16.5m

9.15m

最小90m／最大120m

①タッチライン

半径 9.15m

センターマーク

③ハーフウェーライン

④センターサークル

ペナルティーアーク

⑤ペナルティーエリア

⑥ゴールエリア

⑦コーナーエリア

7.32m

16.5m

5.5m

半径1m

ゴールの大きさ

高さ 2.44m

横7.32m

Q 04 小学生の試合は1チーム 11人ではないんですか?

2011年から、日本国内の小学生年代では1チーム8人での試合がとりいれられています。フィールドは11人制より小さく、ゴールも小さいものが使われます。交代した選手もふたたびプレーできるなど11人制とは異なるルールもあります。より多くの選手が試合に出ることができますし、よりボールにさわることができるようになっています。

小学生年代では8人制が一般的になっている

ワンポイントアドバイス　練習は「8人」にこだわらなくてオーケー

指導者の方は、選手の成長度合いに応じて人数やフィールドの大きさを変えることも必要でしょう。ドイツでは「フニーニョ」と呼ばれる、4つのゴールを使った3対3のミニサッカーが低学年向けに導入されています。大切なのは、1人1人がボールに多くさわって、サッカーを楽しむこと。背が高い子や走力がある子が目立って、技術のある子が目立たなくならないように、適した環境を用意したいものです。

A 8人でおこなう「8人制」が とりいれられています

8人制のフィールド ラインやエリアの名称は11人制と同じ

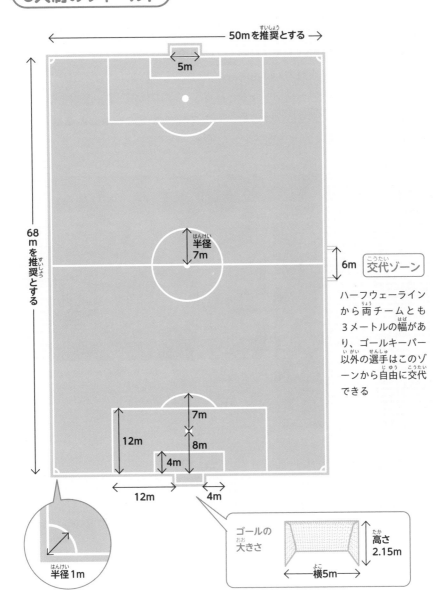

← 50mを推奨とする →

5m

68mを推奨とする

半径7m

6m

交代ゾーン

ハーフウェーライン から両チームとも3メートルの幅があり、ゴールキーパー以外の選手はこのゾーンから自由に交代できる

7m

12m

8m

4m

12m

4m

半径1m

ゴールの大きさ

高さ2.15m

横5m

サッカーのルールには どんなものがあるんですか?

サッカーのルールは17条からなる競技規則で定められています。相手のゴールにボールを入れれば1点となり、その数を競い合うシンプルな競技なので、ほかの競技と比べてもそこまでルールは多くありません。

反則にはいくつかの種類があります。おもなものとしては手でボールにふれる『ハンドリング (ハンド)』や、攻めている選手が"待ちぶせ"してゴールをねらうことを禁止する『オフサイド』などがあります。

©Getty Images

©Getty Images

反則によってはイエローカード（警告＝左）やレッドカード（退場＝右）が主審から出される。イエローカードを2回提示されると退場処分となる

メモ 📝 **サッカーのルール17条について**

17条でおもに定められていることは次の通りです。
- フィールドや用具、選手の数などについて：第1〜4条
- 試合の時間や進めかた、プレーの再開方法について：第7〜10条、第13〜17条
- 反則や不正行為について：第11〜12条
- 審判について：第5〜6条

A ハンドやオフサイドの反則など 17条から成り立っています

オフサイドについて知っておこう

サッカーの特徴的なルールの1つに、オフサイドがあります。これは、攻撃側の選手が味方からパスを受けるとき、相手陣内の後方から2人目よりもゴールラインに近い位置にいる場合に適用される反則で、相手ゴール前に残ってパスをもらうことを禁止するものです。

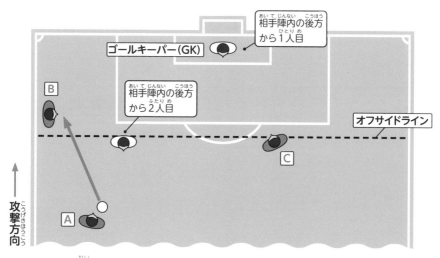

相手陣内の後方から1人目

ゴールキーパー(GK)

相手陣内の後方から2人目

オフサイドライン

B

C

A

攻撃方向

オフサイドの例

Aが Bにパスを出した瞬間、Bはオフサイドとなる(相手陣内の後方から2人目の位置は「オフサイドライン」と呼ばれ、Bはこのラインよりも相手ゴールに近いところにいるため)。Cはオフサイドライン上にいるため、Aからパスが出てもオフサイドにならない。

ワンポイントアドバイス 「イライラ」からの反則はダメ!

ドリブルで抜かれる、あるいはミスをすることでイライラして、相手に対して反則をすることがないようにしましょう。自分がうまくいかないことを反則で解決してしまっては、みんなも気持ちよくサッカーができません。相手のことを尊重しながら、感情をうまくコントロールすることも、よい選手の条件の1つです。

サッカーには11人それぞれに役割が与えられていて、大きく分けると、ゴールを守るために手を使えるゴールキーパー、守備を中心におこなうディフェンダー、攻撃と守備の両方をつなぐミッドフィルダー、シュートを決めるフォワードの4つのポジションがあります。

選手には1人1人違った特徴がありますが、それぞれの個性が生きるようなポジションでプレーすることは、勝利をつかむうえでも重要です。

ポジションの例（1−4−4−2のフォーメーション）

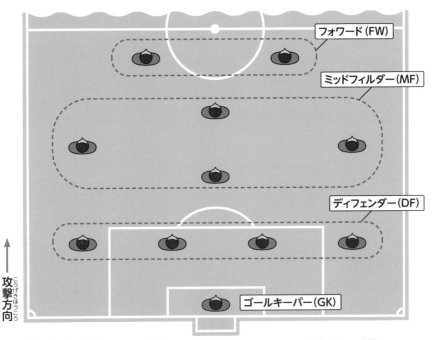

フォワード（FW）

ミッドフィルダー（MF）

ディフェンダー（DF）

ゴールキーパー（GK）

攻撃方向

選手の配置や戦術によって、同じポジションの中でもさまざまな特徴を持った選手がそれぞれ活躍できる可能性がある

（この本の図版では、ゴールキーパー、ディフェンダー、ミッドフィルダー、フォワードのポジションを略して、それぞれGK、DF、MF、FWと表しています）

A それぞれの選手に与えられる役割です

各ポジションのおもな役割

Photos／Getty Images

ゴールキーパー

ペナルティーエリアの中では手を使って、相手の攻撃からゴールを守る。ユニフォームも1人だけ違う色のものを着ている。

権田修一選手

ディフェンダー

相手の攻撃からゴールを守り、チームをフィールドの後ろから支える。サイドバックはより攻撃に参加することも求められている。

吉田麻也選手

ミッドフィルダー

フィールドの中央にいて、攻守に動き回る。タイプによって攻撃的ミッドフィルダー、守備的ミッドフィルダー、サイドハーフに分かれる。

遠藤航選手（守備的ミッドフィルダー）

鎌田大地選手（攻撃的ミッドフィルダー）

相馬勇紀選手（サイドハーフ）

フォワード

相手のゴールに近い位置にいて、得点を入れることを期待される。サイドから攻める選手はウイングとも呼ばれている。

三笘薫選手（ウイング）

フォーメーションについて

試合の中継などで「1−4−4−2」「1−3−5−2」といった数字の並びを見たことがあると思います。この数字の並びは「フォーメーション」といい、チームのねらいや戦術を実行しやすいような選手の配置、または陣形のことを指します。あくまで試合開始時などの配置であって、試合の状況によってどのように動くのかはチームによって異なります（この動きかたや各自の役割を指すのが、「システム」といわれています）。

数字は順に「GK−DF−MF−FW」のそれぞれの人数を表しています。基本的にはGKを含めて4つの数字で表記しますが、各ポジションの役割を明確にするためにMFを2つに分け、5つで表記することもあります。

フォーメーションは、各選手の特徴を最大限に発揮するためにあります。ただし、とくに小学生年代では、フォーメーションを提示するとそのポジションにしばられてしまって、身動きがとれなくなる選手を見かけます。指導者はフォーメーションを提示するだけでなく、それぞれの選手に役割を与えることが必要です。

11人制のおもなフォーメーション

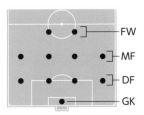

1−4−4−2
攻守にバランスをとりやすく、どんな形にも変形しやすい

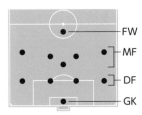

1−4−1−4−1
幅と深さを確保しやすく、中央の人数も多いのでボールを保持しやすい

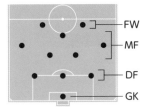

1−3−5−2
ディフェンダーを少なくすることで攻撃の優位性を出しやすい

第2章
用具について知ろう

自分に合った用具を使うことは大切です

スパイクについて教えてほしいです！

Q 07 サッカーボールには大きさがいくつかあるんですか？

A 3号球、4号球、5号球の3種類があります

サッカーの試合をするうえで、なくてはならないのがボールです。

サッカーボールは選手の年代によって、公式戦で使用する、あるいは使用が勧められている大きさが異なります。

小学生は4号球、中学生以上は5号球が公式戦で使用されます。幼稚園児から小学校低学年は、3号球の使用が勧められています。

サッカーボールの大きさ・重さなど

5号球

年代	中学生以上 （公式戦で使用）
直径	22センチ
周囲	68〜70センチ
重さ	410〜450グラム

直径はめやす（4・3号球も）

写真提供／株式会社モルテン（4点とも）

4号球

年代	小学生 (公式戦で使用)
直径	20.5センチ
周囲	63.5〜66センチ
重さ	350〜390グラム

3号球

年代	幼児〜小学校低学年 (推奨)
直径	19センチ
周囲	58〜60センチ
重さ	300〜320グラム

メモ ✎ 軽量球について

　3〜5号球ではそれぞれ「軽量球」もあります。大きさは同じですが軽く、飛びやすいのが特徴です（重さは素材やメーカーによって大きな違いが出ます）。とくに小学生のうちは、選手の年代や発育・発達の状況によっては軽量球を使い、ボールをけることの楽しさをより感じてほしいと思います。

3号の軽量球

Q 08 サッカーをするときは何を履けばいいんですか?

サッカーをするときに履くシューズには、スパイクとトレーニングシューズがあります。ソール（底）の形状や材質が異なっているので、年代やグラウンドに応じて適したものを選びましょう。

小学校低学年の選手や、学校の校庭など硬いグラウンドでプレーする選手にはトレーニングシューズがおすすめです。

スパイク（固定式）

「スタッド」と呼ばれる突起（出っ張り）がついている。この突起によってグリップ力（すべりにくさ）が高まるが、足にかかる負担は大きくなる。スタッドの形状や数にもいくつかタイプがある

ソールの拡大
ピンクの出っ張りがスタッド。
円柱だけでなく、いくつかの
形状がある

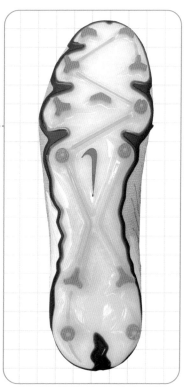

A スパイクかトレーニングシューズを履きましょう

トレーニングシューズ

ゴムの小さい突起がたくさんついているタイプが多く、グリップ力は低いが、足への負担はスパイクに比べて小さい。短い人工芝など、硬いグラウンドではこちらがおすすめ

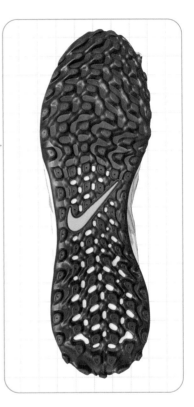

ソールの拡大
小さな黒い突起を多く含むデコボコのあるタイプ

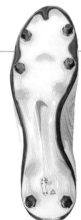

メモ スパイクには2種類ある

スパイクには「固定式」と「取り替え式」があります。取り替え式はスタッドにネジがついていて、取り外しができます。固定式よりスタッドの数が少なく、すべりにくくなります（足への負担は大きくなる）。雨の日や天然芝のグラウンドでは取り替え式を履く人もいます。ただし、小学生は使用が基本的に認められていません。

取り替え式のソール。黒の出っ張り（6本）が取り替え可能なスタッド

プレーするときのウェアはなんでもいいんですか？

　試合で着るのが「ユニフォーム」で、各チームがおそろいのシャツ、パンツ、ソックスを着用します。ただし、ゴールキーパーはほかの選手と違う色のユニフォームを着なければなりません。また、足のすねの部分を守るために、ソックスの下に「すね当て（レガース）」を全選手がつけます。一方、練習で着るのは、「練習着」と呼ばれています。

ユニフォーム（フィールドプレーヤー用）

シャツ、パンツ、ソックスを身に着ける。対戦相手とシャツの色が重なったときのために、各チーム2種類用意することが必要

シャツ

パンツ

ソックス

写真提供／株式会社アクオレ（P26〜31〔P27の「すね当て」を除く〕）

A ユニフォームと練習着があり、試合ではユニフォームを着ます

ユニフォーム (ゴールキーパー用)

ゴールキーパーはグローブのほか、長袖のシャツやロングパンツ、帽子の着用も認められている

グローブ

練習着

個人で好きなものを着るのはもちろん、チームでそろえる場合もある

すね当て (レガース)

すねのケガを予防するため、全員が着用しなければならない

夏と冬で身に着けるものを教えてください

A 夏は帽子、冬はインナー、手袋などがあります

夏は日ざしが強いので、帽子をかぶって練習してもよいでしょう。つばが短くてやわらかいタイプの帽子もあるので、プレーのさまたげにもなりません。

冬は寒さ対策のアイテムとして、インナーや手袋、ネックウォーマーなどがあげられます。手袋はすべり止めがついているものを使うのもよいでしょう。

季節によって身に着けるものも工夫すれば、サッカーがもっと楽しくなる（試合で着用できるものは限られているので注意しよう）

インナー

長袖だけでなく、袖のないタイプもある。試合で着るときには、チームで同じ色のものにすることがルールで決められている

手袋

すべり止めがついているタイプ

ネックウォーマー

後ろから引っ張られるとケガや転倒につながることもあるので、練習でつけるときには注意が必要（日本サッカー協会は試合での着用を認めていない）

📣 ワンポイントアドバイス　ユニフォームは試合会場で着よう

　試合の日、家を出るときからユニフォームを着ている選手を見かけます。早く試合をする格好になりたい気持ちもわかりますが、夏だと試合前に汗だくになって、ユニフォームが濡れてしまうこともあるでしょう。ユニフォームは試合会場で着るようにして、移動はポロシャツやハーフパンツのような動きやすい服装がおすすめです。

Q11 移動時やベンチにいるとき 何を着ればいいですか？

おもに寒いときに着るものとしては、丈の長いベンチコートや、上下に分かれているウインドブレーカーがあります。どちらも保温性が高いのが特徴です。ほかにも、頭からかぶるように着るピステもあるので、好みによって選ぶとよいでしょう。さらに手袋やニット帽、ネックウォーマーを身に着けると、より寒さをふせげるはずです。

ウインドブレーカー

ファスナーがついているため、胸でボールをコントロールするときにファスナーが当たって痛くなることもある

ベンチコート

ひざの下までカバーできる

A ベンチコートやウインドブレーカーがおすすめです

ニット帽

前が見えなくなることもあるので、小学生年代は練習では着用しないほうがよい

ピステ

ファスナーがないのが特徴。移動時はもちろん、プレーするときにも向いている

ワンポイントアドバイス

移動のときのバッグはリュックがおすすめ！

　肩からかけるタイプや、片手で持つタイプなど、バッグにもいろいろなものがありますが、両手があいているほうが何かと都合がいいですし、転んでしまったときも危なくありません。なので、移動時は背負えるリュックサックがおすすめです。

最近ではボールを入れられるものもある

第2章　用具について知ろう

コラム❷

目的や場所に応じて服装を変えよう

　サッカーといえば、選手がトレーニングウェアやユニフォームを着ている姿をイメージする人が多いと思います。もちろん、グラウンド上では当たり前のことですが、どこにいても同じ服装でいいとは思いません。「人は見た目だけで判断してはいけない」といいますが、見た目の印象は非常に大きいものです。

　コーチ、選手はトレーニングウェアやユニフォームを着て指導やプレーするだけではなく、さまざまな場所で人の目にふれる機会があります。過度のおしゃれは必要ありませんが、目的や場所に応じて服装は違って当たり前だと思います。身だしなみを整える作業は、会う人への気配りであり、人にどのような印象を持ってもらいたいかを考えることでもあります。サッカーにかかわる人には、発言や立ち振る舞い、身だしなみなどを含めたセルフプロモーション（自分をより魅力的に見せること）が非常に重要です。

　スポーツが社会に与える影響は、年々高まってきています。サッカークラブ、コーチ、選手が子どもたちのあこがれでい続けられるように、社会へのアプローチも考えていく必要があると思っています。

プロクラブや代表チームでは移動時にスーツを着用することもある

第3章
基本技術をマスターしよう

技術の目的や特徴を
理解して取り組みましょう

いろいろな技術に
チャレンジしてみたい！

サッカーの基本技術って なんですか?

サッカーにおいてボールを足で（ゴールキーパーは手で）あつかうことを、一般的に「技術（テクニック）」といいます。目的やあつかう部位などで、いくつか呼びかたがありますが、基本的な技術は、コントロール（止める）、キック（ける）、ドリブル（運ぶ）の３つです。どのポジションでも欠かせない、とても大事なものです。

サッカーの基本技術

コントロール（止める）

自分のところに来たボールを、次のプレーに移りやすいようにあつかうこと（→36 － 39ページ）

ワンポイント
アドバイス

「止める＝考えも止まる」ではない

「ボールを止める」というと、ボールだけでなく「動き」や「考え」も止まってしまうように感じる人がいるかもしれません。「次のプレーをスムーズにすること」が、「止める（＝コントロール）」ということだと意識してほしいと思います。

A コントロール (止める)、キック (ける)、ドリブル (運ぶ) です

第**3**章

基本技術をマスターしよう

キック (ける)
思ったタイミングで、思ったところにボールを届けること

ドリブル (運ぶ)
ボールと離れ離れにならないように、自分のものにすること

ワンポイントアドバイス

いろいろなけりかたがある!
　キックにはたくさんの種類があります。試合のさまざまな状況に応じて、適切なキックを実践できるように、ふだんからいろいろなけりかたにチャレンジしましょう (40 − 45 ページ)。

ワンポイントアドバイス

華麗な足技だけではない!
　「ドリブル＝華麗な足技」をイメージする人も多いと思いますが、それだけがドリブルではありません。目的に応じて、使い分けられるようにしましょう (46 − 47 ページ)。

35

ボールはどうやって止めればいいですか?

ボールを止める(コントロールする)ときに、ボールが体の中心から外れると止めにくくなります。足を無理に伸ばして止めようとすると、バランスを崩してしまうことがあるからです。最初は、ボールの軌道に自分の体を入れる(ボールの正面に入る)と、コントロールしやすくなります。足のいろいろな場所を使ったコントロールを紹介します。

やってみよう 足でのコントロール

足の裏
ボールに対して足で「屋根」をつくるように、つま先を上げた状態で足の裏で止める

インサイド
(足の内側→40ページ)
足首を固定し、足の内側の面をボールの中心に当てる

こちらもチェック ▷ P64-67 パスのコントロールについて

Ⓐ 体の正面で止めましょう

アウトサイド
（足の外側→45ページ）

上体をまっすぐに保ち、インサイドと同じように足首を固定して足の外側の面で当てる

慣れてきたら
正面でなくても止められるように

最初はボールの正面に入ることが大切だが、試合では体の正面で止められないボールも来るだろう。慣れてきたら、足を伸ばすなどしてバランスが崩れてもコントロールできるように、いろいろなボールを受ける練習をしよう。

📢 ワンポイントアドバイス　ボールを受けるときは準備が大事

　ボールを味方からもらうとき、突っ立ったままだとすぐには動けないでしょう。細かくステップを踏むなど準備をしておくことも大事です。チームメイトに声やジェスチャーで、どこでほしいのかを伝えてみましょう。同じように、自分がパスを出すときは味方がどこでほしいのか考えてみましょう。

浮いているボールを止めるためには、体のいろいろなところを使うとよいでしょう。足の甲だけでなく内側や外側、胸などが代表的です。ボールの落下地点に入ったら体の力を抜いて、止めやすい場所を使いましょう。

止めかたは、おもにウェッジコントロールとクッションコントロールの2つがあります。

やってみよう 浮いたボールのコントロール

ウェッジコントロール… ボールが地面にバウンドして、上がってくるところを足でかぶせるようにコントロールすること

インサイド

足の内側をボールにかぶせるように

アウトサイド

足の外側をボールにかぶせるように

A 体のいろいろなところを 使いましょう

クッションコントロール… ボールの勢いを吸収するように足をやわらかく使ってコントロールすること

足先でコントロール。指先でさわる感覚を持つとよい

胸でのコントロール… ボールの勢いを吸収するイメージで、胸でコントロールする

上体に力を入れすぎない

ワンポイント アドバイス　息をはいてリラックスしよう

胸でのコントロールのとき、上体に力が入っていると"かべ"のようになってしまい、ボールが大きくはずんでしまいます。少し息をはきながら、リラックスしてやってみると、コントロールしやすくなります。

第3章 基本技術をマスターしよう

試合で一番よく使うキックはなんですか?

足の内側でけることを「インサイドキック」といいます。ほかのキックに比べて広い面をつくれるので（下の円写真）、正確にけることができます。写真の中にあげたポイントを意識して、取り組んでください。

やってみよう

インサイドキックのフォーム

ミートポイント
(ボールをけるところ)

前から

ボールをける方向に
つま先を向ける

軸足だけで立つ
イメージで

Ⓐ インサイドキックです

パターよりもヌンチャクで

インサイドキックでとくに大切にしたいのは、ひざ下の振りかた。ゴルフのパターというよりも、ヌンチャクを使うようなイメージで、足の部分をできるだけ加速させることが大切です。バックスイングから足を加速させてボールをけることで、強いキックになります。

横から

ボールの横に踏み込む

ひざから下の振りを大切に

Q 16 強いボールをけれる キックはなんですか?

　足の甲でけることを「インステップキック」といいます。ほかのキックに比べて足を前後に大きく振ることができるので、より強いボールをけることができます。シュートや長めの距離のパスでおもに使います。ポイントは写真で紹介しているので、それぞれ意識してください。

やってみよう

インステップキックの フォーム

ミートポイント
(ボールをけるところ)

前から

軸足のつま先をけり
たい方向に向ける

A インステップキックです

 マーカーの上にボールを
置いてけってみよう

インステップでよりミートしやすくなるので、最初は
マーカーの上に置いたボールをけるのがおすすめです。
慣れてきたら、マーカーなしでやってみましょう。

 ココが大事！ ボールの位置は人それぞれ

けるときのボールの位置が大事ですが、体の柔軟性やけりやすさは個人によって異
なるので、ボールを置く位置を「ここだ」といいきることは難しいです。まずは、そ
れぞれのけりやすい位置でボールをけることが、インステップキックの上達には大切
かもしれません。

横から

軸足をボールの横に
踏み込む

けり足の足首を伸ばした状態で
固定して面をつくってける

ひざから下は強く
スイングする

軸足を踏み込む位置がボールより手前だと浮き球がけりやすく、ボールより奥だとグラウンダー
（ゴロ）のボールがけりやすい

第3章 基本技術をマスターしよう

43

ほかにはどんなキックがありますか?

つま先に近い足の内側でける「インフロントキック」（写真）や、足の外側でける「アウトサイドキック」（写真）のほか、つま先でける「トーキック」、かかとでける「ヒールキック」があります。トーキックは小さい子にとってボールをより遠くに飛ばしやすく、ヒールキックは相手の意表を突くことのできる、ひらめきにあふれたキックです。

やってみよう

インフロントキックのフォーム

ミートポイント
（ボールをけるところ）

ボールに対して斜めに入ることで、けりやすくなる

ボールをこすり上げるようにけると浮き球になる

A インフロントキック、 アウトサイドキックなどがあります

ワンポイント アドバイス 子どもの発想や気づきを大切に

　トーキックやヒールキックは、チームによってはなるべく使わないように呼びかけているケースがあると聞きます。でも、子どもたちはいろいろなキックをすることで、新しい気づきや発想が生まれるはずです。大人が「ダメ」と言うことで、そういった気づきや発想を閉ざさないようにしたいものです。

やってみよう

アウトサイドキックの フォーム

ミートポイント
（ボールをけるところ）

小指のつけ根あたり
でボールをける

ひざ下の振りを小さくすると
相手にコースを読まれにくい

ドリブルはどうやったらいいですか?

ドリブルはボールを突いて、ボールを運ぶテクニックです。大きく分けて3つの目的があります。体からボールが離れてしまうと、相手にとられやすくなるので、前に出しすぎないように細かくさわることや、前を向いても視野の中でボールの位置を確認することが大切です。

やってみよう ドリブル

運ぶドリブル 味方がよい体勢をとれるように、時間をつくることがおもな目的

顔を上げて、味方の位置を確認

ワンポイントアドバイス ドリブルはスピードが大事？

ドリブルというと相手を抜くため、あるいはゴールに向かうためについスピードを上げてしまいがちですが、それがつねによいとは限りません。たとえば、人ごみの中で全速力で走ると、人にぶつからないで進むことは難しくなります。状況にもっとも適したスピードとコースを考えてドリブルすることが求められるのです。

A 目的を理解し、ボールが体から離れすぎないようにしましょう

キープのドリブル

ボールを奪われないように保持することが目的

腕や体で相手をブロック

突破のドリブル

相手を抜く（かわす）ことが目的

スピードや方向を変えて相手を抜く

こちらもチェック → P62-63 キープのドリブル、P54-59 突破のドリブル

47

Q 19 ヘディングがこわいです。よい練習はありますか?

A 最初はボールをキャッチする練習でもいいでしょう

やってみよう

ヘディング

ミートポイント
おでこから髪の毛の生えぎわ部分でボールをとらえる

スタンディングヘッド（立った姿勢で）
首は振らずに、上半身を前後に動かしてボールをとらえる

ボールをよく見る

最初は、ボールをとらえるこのタイミングでボールを両手でキャッチしてもオーケー

48

頭でボールをあつかうことを「ヘディング」といいます。ヘディングで大事なのは、ボールがどこに落ちてくるのかをしっかりと見極めることです。なので、最初は上に投げたボールをキャッチすることから始めてもいいでしょう。

実際のヘディングをサッカーボールでやるのがこわい場合には、まずビーチボールなどのやわらかいボールで正しく頭に当てるコツをつかむことをおすすめします。

最初はビーチボールなどのやわらかいボールで感覚をつかむのも1つの方法

ワンポイントアドバイス　風船やビーチボールでも◎

ヘディングのくり返しは脳に悪い影響を与える可能性があり、日本サッカー協会では、小学校低学年や中学年ではやわらかいボールを使うことを推奨したり、年齢（学年）に応じて制限を設けたりと、ヘディングに関するガイドラインを作成しています。

ボールの落下点に入ることに関しても、小学校低学年前後の子どもにとっては、サッカーボールのスピードに脳の処理速度が合わずに、うまく入れない場合があるかもしれません。落下地点に入ってこそ正しいヘディングが可能になるので、落ちてくるスピードの遅い風船やビーチボールを使ってキャッチすることで、空間認知能力をやしなうのも1つの方法です。

Q20 GKの技術には どんなものがありますか?

ゴールキーパーのおもな技術には、手を使うキャッチング、体を使ってボールを止めるセービング、足でボールをあつかうプレーなどがあげられます。現代サッカーではゴールキーパーの役割が増えていて、フィールドプレーヤーとしての感覚も必要になっています。攻撃でも守備でも、チーム全体を動かしてゲームをつくることが求められています。

ゴールキーパーのおもな技術

キャッチング

オーバーハンドキャッチ（胸より高いボールのキャッチ）

アンダーハンドキャッチ（グラウンダーなど低いボールのキャッチ）

A キャッチング、セービング、フィードなどがあります

セービング

ローリングダウン（グラウンダーなど低いボールに対して体を投げ出してボールに対応する）

パスやフィード

キャッチングだけでなく、味方からのパスなどを足であつかうことも求められる

メモ GKはチームのリーダー

2010年から3大会続けて、ワールドカップの優勝国はキャプテンがゴールキーパーでした（カシージャス〔スペイン、2010年大会〕、ノイアー〔ドイツ、14年大会〕、ロリス〔フランス、18年大会〕）。このことからも、ゴールキーパーにはチームを引っ張るリーダーの資質が必要だといえそうです。

©Getty Images

ロリスは2022年大会でもキャプテンを務め、チームの準優勝に貢献した

Q21 利き足とは逆の足の練習はしたほうがいいですか?

A はい。やったほうが利き足の特徴も生きます

利き足の技術を徹底的にみがくことも必要だと思いますが、利き足ではないほうの足でまったくけれなくてもいいというわけではありません。自分の特徴をより生かすためにも、利き足ではない足も使えたほうがよいので、練習は必要でしょう。両足で正確にけれたほうがいろいろなポジションでプレーすることができて、サッカー選手としての幅も広がることは間違いありません。

ワンポイントアドバイス

うまくなっていく過程を楽しもう

利き足ではないので、最初はうまくいかないかもしれません。だからこそ、少しずつうまくけれるようになっていく過程を楽しみながら、練習しましょう。ウィークポイント（苦手なこと）を伸ばすことも大切です。

両足を使えるように、ふだんから意識して練習しよう

第4章

個人で攻める、個人で守る!

個人戦術について
学びましょう

試合の中で技術を
生かしたいな!

Q 22 コーンドリブルはできるのに、試合で相手を抜けません

A 相手やスペースを見ながらボールをあつかいましょう

コーンドリブルの練習はボールあつかいを身につけるためにはよいと思いますが、ボールあつかいの練習と、試合で生きるためのドリブルの練習は別のものだと考えたほうがいいでしょう。コーンドリブルがある程度できるようになったら、相手やスペースなどを見て、そのときに応じた判断をしながら、ボールをあつかう練習が必要になってきます。

コーンドリブル

実戦でのドリブル

コーンドリブルで必要なことと試合で相手を抜くために必要なことは違う。コーンドリブルはあくまでボールタッチのトレーニング。ボールをある程度あつかえるようになったら、相手やスペースの状況に応じてボールのあつかいかたを考えてみよう

■得点するためにドリブルをしよう

　相手陣内でボールを持ったら、ま ずゴールを意識しましょう。

　ドリブルも相手を抜くためだけで はなく、ゴールを奪うためにおこな う意識が大事です。ゴールが空いて いたら、ドリブルで相手を抜かずに シュートを打つことにもチャレンジ してください。

ゴールが空いていたら、積極的にシュートを打ってみよう

☝ココが大事！ ドリブルもパスも、同じ攻撃の手段

　試合でドリブルがうまくできることはもちろんすばらしいですが、ドリブルはパスと同じように、攻撃の選択肢の１つにすぎません。ゴールから逆算して、そのときベストな選択肢を選べるようになりましょう。

Q 23 絶対に相手を抜ける フェイントってありますか?

A ありません。相手の逆を 突くことを考えましょう

🚩 やってみよう1 マシューズフェイント

インサイドで内側に行くふりをして、アウトサイドで外側にボールを出して相手を抜く。

矢印のほうに行くと見せて

左足で踏ん張って逆方向へ

アウトサイドで外側へ運ぶ

＊「ドリブルの魔術師」として知られるイングランドのスタンリー・マシューズ選手が得意としていたので、この名前がついた

「相手を絶対に抜ける」というフェイントはありません。でも、フェイントによって相手を抜く可能性を高めることはできます。フェイントは、相手のタイミングをずらしたり、外

したりするテクニックです。代表的なフェイントを2つ紹介しますが、「いつスピードを変えるか」「どのように角度を変えるか」「相手の動きをしっかり見られるか」が重要です。

🚩 やってみよう2 キックフェイント

ボールをけるふりをして、相手がかまえたときにインサイドやアウトサイドを使って相手を抜く。

目線を使ってパスを出すふりをするとさらに効果的

パスを出すふりをする

インサイドを使ってドリブル

Q 24 どうすればドリブルで相手をうまく抜けますか?

A 3つのポイントを意識してください

🚩 やってみよう **相手を抜く**

56 ～ 57ページで紹介したようなフェイントを使わなくても、相手の逆をとれば抜くことができる。本文の①～③の内容を意識して、やってみよう。

縦抜け サイド（写真では左サイド）でボールを持っていて、縦に抜けていく方法。

縦と中央、どちらにも行けるボールの持ちかたで

左足を前方に踏み込む

右足でボールを縦に出す

前の足（ここでは左足）を前方に踏み込むことによって、相手は縦方向を警戒して反応するが、ボールはまだ足元にあるため、相手は動きを止める。その瞬間、半テンポ遅れて右足でボールを前に出すことで、相手は反応が遅くなる

相手を抜くためのポイントとしては、①行きたいほうの逆へボールをいったん運ぶ、②シュートやパスなどのほかの選択肢を意識させる、③スピードを変化させる、の３つがあります。①ではいったん逆に運んだほうが、相手の裏をかきやすくなるからです。これらの３つによって、相手の動きや体勢が変化するので、その変化に応じてボールを運ぶコースやスピードをアレンジすれば抜ける可能性が高まります。

カットイン　縦への突破が相手に警戒されているときに、中央にボールを運んでいく方法。

縦（矢印）への突破を相手に意識させる

相手が縦に入ってきたら左足で踏ん張って中央へ

右足アウトサイドでボールを出す

ワンポイントアドバイス　ボールを持つ足や目線も工夫しよう

右サイドにいるときは左足で、左サイドにいるときは右足でドリブルすることで、中央へのパスやドリブルの可能性を相手に示せるので、縦に運びやすくなります。また、レベルの高い選手は、突破する方向の逆をわざと見ることで、相手をまどわすことも考えています。

Q25 運ぶドリブルをするとついスピードが上がります

運ぶドリブルをするときのポイントは、「選択肢を持つこと」です。スピードを上げすぎると、できることの選択肢が減って、まわりが見えなくなりがちです。たとえば、スピードを上げた自転車で商店街を走ろうとしても、人をよけることは難しいはずです。選択肢を持つためにも、スピードをコントロールすることが大切です。

スピードを上げて相手に突っ込んでしまう

相手が2人いるにもかかわらず前にしかけて、はさまれてしまう

青チームの攻撃方向

ワンポイントアドバイス　スペースがあるかないかが大切

すべてのドリブルに共通しますが、ドリブルする方向にスペースがあるかないかをまず見ることが重要です。スペースがあればドリブルで侵入してよいでしょうし、なければ無理に侵入する必要はありません。

A いくつかの選択肢を持つことを心がけましょう

🚩 やってみよう 相手を引きつける

運ぶドリブルは相手を引きつける効果がある。スピードをコントロールしながらボールを持つことで時間をつくり、相手が奪いにくる間にチームメイトが次の動きをしてフリーになれば、そこにパスを出すことができる。

サイドで 中央にドリブルすることで、相手を引きつけることができる。写真は左足でパスしているが、右足アウトサイドキックも有効。

中央へ運ぶドリブル → パス

中央で 2人のディフェンダーの間をねらってドリブルすることで、2人が引きつけられる。タイミングを見て味方にパス。

2人の間に向かって運ぶドリブル

パス

61

Q26 ボールを持っていて相手がとりにくるとあせります

A 相手から遠いほうの足でボールをあつかいましょう

キープのドリブルをするときのポイントは、相手から遠い足でボールをあつかうことです。

相手がとりきたときには、まずボールにさわらせないことが大事。

相手とボールの間に体を入れて、腕や足をうまく使ってブロックします。時間をつくって選択肢を増やすことで、あせらずに次のプレーへ移っていけるはずです。

▶ やってみよう1 キープのドリブル

腕と体、軸足も使って相手をブロックし、相手から遠い足でボールをあつかう。

相手から遠い足（写真では右足）を使ってボールキープする。上体が前傾しすぎるとバランスを崩しやすいので、なるべく胸を張るように意識しよう

🚩 やってみよう2　ターン

キープのドリブルと同様に、相手から遠い足でボールをあつかいながら方向を変えて、相手にボールをさわらせない。

インサイドフック	アウトサイドフック

左腕で相手をブロックしながら右足で運ぶ

左足インサイドでボールの方向を変える

矢印の方向へボールを運ぶ

左腕で相手をブロックしながら右足で運ぶ

右足アウトサイドでボールの方向を変える

矢印の方向へボールを運ぶ

Q27 ボールを止めた瞬間に、相手にとられてしまいます

A 次にプレーしやすいところへ ボールを動かしましょう

ボールを止めるとき、足元にピタッと止めることが大切ですが、ボールを奪いにくる相手が突っ込んできたら、ファーストタッチで相手を外すのが理想です。36～37ページで

紹介したように、最初は「ボールの正面に入って、足の裏で止める」ことをマスターし、その後、ボールを少しずつ動かすなど、思ったところに止められるように練習しましょう。

やってみよう1

足元のコントロール

ボールをしっかりと止めることができているが、足元に止めると相手に寄せられてしまい、ボールを奪われやすくなる。

メモ トラップ＝わな

ボールを止めることを、「トラップ」ともいいます。トラップという言葉には"わな"という意味があります。相手を引きつけてかわすための"わな"として実践できるといいですね。

 こちらもチェック→ P78-79 相手がいるときの受けかたについて

🚩 やってみよう2 相手を外したコントロール

相手がボールを奪いにきたとき、相手の動きを外しながら、次のプレーをしやすいところにボールを運ぶようにコントロールできるとなおよい。

①中へ

ボールを奪いに寄せてくる

中に走りながらボールをコントロール

相手を外すことに成功

②裏へ

ボールを取りに寄せてくる

縦に走りながらボールをコントロール

相手を外すことに成功

Q 28 パスが来たときになかなか前を向けません

A ボールを受けるときの体の向きを意識しましょう

攻撃のとき、目標とする相手ゴールは前方にあるので、パスを受けて前を向けないと時間がかかってしまい、スムーズな攻撃につながりません。そこで大切なのが、パスを受けるときの体の向きです。ボールを持っている味方と相手の両方を、同時に見られるような向き（＝ボールに対して半身）であれば、より早く前を向くことができます。

やってみよう 体の向きを意識する

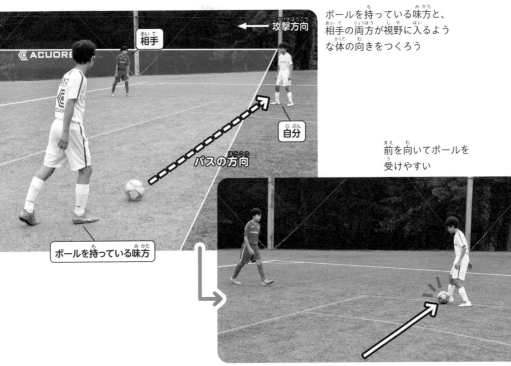

攻撃方向 ←

相手

パスの方向

自分

ボールを持っている味方

ボールを持っている味方と、相手の両方が視野に入るような体の向きをつくろう

前を向いてボールを受けやすい

◯ 正しい体の向き

ボールに対して半身をとっていればパスの出し手と相手の動きを同一視できるので、ファーストタッチで前を向きやすく、相手が奪いにきたら相手の動きを外しやすい。

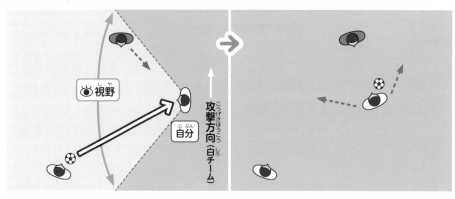

✕ 正しくない体の向き

ボールに対して体の正面を向けていると相手の動きが見えない。一度足元に止めてから前を見ることになり、時間がかかるだけでなく、相手のプレッシャーをもろに受けてしまう。

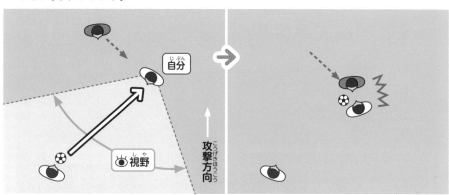

ワンポイント アドバイス 相手の動きによって判断する

相手が全力でボールを奪いにきているのであれば、ボールをキープするために後ろ向きでコントロールしてもよいでしょう。相手の動きによって、前を向く・向かない、ボールを止める・動かすなどを判断することが必要になってきます。

67

Q29 味方が受けやすいパスってどんなパスですか?

攻撃方向に対して半身になっている味方に対して、どちらの足にパスを出せばよいかを考えた場合、奥の足に出してあげると前を向きやすくなります。反対に、手前の足にパスを出すと、後ろ向きに止めることになるので、前を向くのが少し遅れてしまいます。最初はゆっくりでもいいので、奥の足をねらってパスを出してみましょう。

やってみよう1 受け手の「奥の足」へのパス

攻撃方向（＝前）にコントロールしやすいので、スムーズな攻撃につながる。

攻撃方向

相手

味方

自分

前を向きやすい

A 攻撃方向に対して「奥の足」に出すパスです

ワンポイントアドバイス　パスに「メッセージ」を込めよう

ここでは「味方が受けやすいパス」という観点で話をしましたが、出し手が受け手の状況を見て「奥の足」に出せば、前を向けると伝えることになりますし、手前の足に出せば、相手が奪いにきていると伝えることにもつながります。出すパスにメッセージを込めて、味方が次のプレーをしやすい状況をつくりましょう。

やってみよう2　受け手の「手前の足」へのパス

攻撃方向に対して背中を向けたコントロールになるので、相手にマークされているときは有効なパスとなる。（相手のマークが来ていないときは×）

攻撃方向

相手　味方　自分

相手に背中を向けるが、この状況では有効なパス

Q30 試合でどこにパスを出すか迷ってしまいます

パスでどこをねらうかには優先順位があります。①相手の背後へのパス、②ゴールに近い選手へのパス、③横の選手へのパス、④バックパス、です。攻撃はゴールをめざすことが目的なので、ゴールに近い場所、ゴールに近い選手を意識することが得点への近道です。ただ、相手も自分たちのゴールからボールを遠ざけるための守りかたをするので、横や後ろにいる味方へのパスを使いながら攻撃することも必要です。

パスの優先順位 味方と相手の状況に応じて、パスのねらいどころを変えられるのが理想

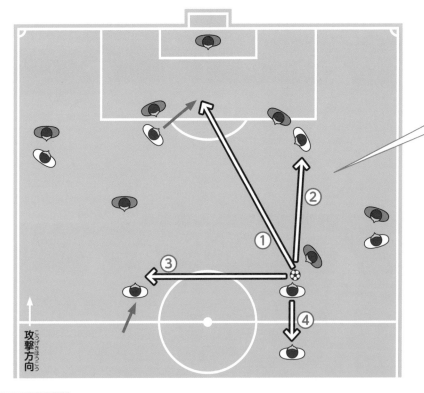

攻撃方向

A まずは、相手の背後を ねらいましょう

 **どんな相手でもまずは「前」を意識しよう**

　パスの優先順位とは、「判断の順番」ともいえるでしょう。前にパスを出したくても、強い相手と戦っていると心理的にこわくなって、横へのパスやバックパスが多くなってしまうことがあるかもしれません。それでも勇気を持って、まずはゴールに近づくための選択肢を意識してください。

① 相手の背後へのパス

ボールを受けた味方が相手のプレッシャーを受けずにシュートを打ちやすく、得点につながる可能性が高い

② ゴールに近い選手 （前方へのパス）

ボールを受けた味方がよい体勢で受けられるとシュートにつながりやすい

③ 横へのパス

ボールを受けた味方が前に運べたり、前を向けたりできるとなおよい

④ バックパス

相手がプレッシャーをかけてきたときなど①〜③のパスが出せないときに、後ろにいる味方に出す

試合では、相手の背後や前方へのパスをまず意識しよう

Q 31 シュートを決めるコツを教えてください

🚩 やってみよう1 ボールの置きどころを意識する

○ 右にも左にもけれるところにボールを置く

✕ シュートコースが読まれやすい

体に対して真横や真正面にボールがあると、けることのできるコースが限定されて、シュートコースを読まれやすくなる（写真は体の横にボールがあるため、矢印方向のシュートになりやすい）

右へ

左へ

自分の利き足の斜め前にボールを置くようにする。助走をして軸足を踏み込み、無理なく左右どちらにもけれる位置がベスト。けりやすい場所は人によって変わるので、自分のよい位置を見つけよう

A 左右どちらにもけれるところに ボールを置きましょう

シュートでは、打つ前のボールコントロールが大切です。右にも左にも打てるような場所にボールを置きましょう。そして、「ボール→ゴール→ボール」の順番で目線を移します。ボールの置きどころを確認→ゴールの位置を確認→打つときはしっかりボールを見て、けります。強いシュートを打つだけではなく、ゴールまでの距離が近ければコースをねらって、ていねいにシュートすることも大切です。

🚩 やってみよう2 視線を向ける順番

①ボール（ねらったところにコントロールする）

②ゴール（ゴールの場所、ゴールキーパーの位置などを確認）

③ボール（よく見てしっかりとシュートを打つ）

📣 ワンポイントアドバイス ゴールを見ないでもシュートできる

トップレベルになると、ボールをコントロールしてからシュートを打つまでゴールを見ない選手もいます。自分がボールを受けたときに、「自分の位置がここなら、ゴールはあそこにある」とわかっているのです。このようなイメージができるくらい、たくさんシュートの練習をしているということですね。

シュートについて

Q 32 カットインのあと、どこに シュートすればいいですか?

A 基本的にはファーサイドを ねらいましょう

ペナルティーエリアの角付近からドリブルで内側に入っていく（＝カットインする）ときは、ボールを自分よりも内側に置きます。シュートは、相手ゴールキーパーから遠い軌道を描くように、インフロントキックでファーサイド（遠いサイド）をねらうのが有効です（右ページの図）。

🚩 やってみよう カットインからのシュート

写真や図のように左サイドから内側へ入るのであれば、右足のインフロントで引っかけるようにシュートを打とう。相手の上体の向きと平行にボールを運ぶことで、相手ディフェンダーから奪われにくくなる。

自分 相手

相手の上体の向きと平行にボールを運ぶと奪われにくい

👆 ココが大事！ ボールの置きどころは同じ

　ねらうのは基本的にファーサイドですが、相手ゴールキーパーが警戒してファーサイドに寄っているときは、ニアサイドに打つことも大切です。ここでも、左右どちらにもけれるところにボールを置くことを意識しましょう。

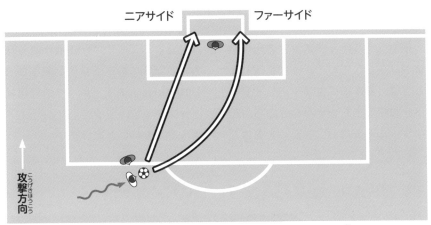

ニアサイド　　　　　ファーサイド

攻撃方向

基本的にはファーサイドをねらうが、ニアサイドにもけれるところにボールを置く

ファーサイドをねらうときはインフロントキックが有効

第4章

個人で攻める、個人で守る！

75

Q 33 縦に抜けたあと、どこに シュートすればいいですか?

A ファーサイドの下を 速いボールでねらいます

相手ペナルティーエリアの角付近でドリブルしていて、縦に突破したときは、基本的にはファーサイドの下をねらいましょう。なぜなら、相手ゴールキーパーにシュートをはじかれたとしても、ゴール前にいる味方にこぼれ球のチャンスが来るかもしれないからです。キックの種類は、インステップキックでもインサイドキックでもいいと思います。

🚩 やってみよう 縦の突破からのシュート

写真や図のように左サイドで縦に抜けた場合、まずは左足でシュートを打つようにする。

ファーサイドの下とあわせて得点の可能性が高いコースがニアサイドの上。ニアサイドの上も、相手ゴールキーパーにとってふせぎにくい。ニアサイドの上は、インステップの強いシュートが有効だ。

相手

自分

レベルアップのコツ

キックフェイントで内側に入ることも○

　縦に突破したあとの発展として、シュートを打つと見せかけたキックフェイントで内側に入るプレーも有効です（下の図A）。内側に入れば右サイドなら左足、左サイドなら右足でけることができ、ゴールキーパーから遠いカーブのシュートを打てます。

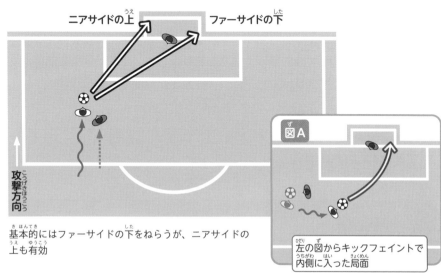

ニアサイドの上　　　ファーサイドの下

攻撃方向

基本的にはファーサイドの下をねらうが、ニアサイドの上も有効

図A

左の図からキックフェイントで内側に入った局面

ファーサイドをねらうときは左足でシュート

Q34 相手がいるときのボールの受けかたを教えてください

「チェックの動き」とは、最終的にねらっている方向とはいったん逆側に動いてから、動き直すことです。裏へ抜けるふりをしてから戻って足元でパスを受けたり、足元でボールをもらうふりをしてから、裏に走り出してパスを受けたりする動きをさします。相手のマークを外すうえで有効なので、ポジションに関係なくみがきたい動きです。

🚩 やってみよう1 チェックの動き1 (裏と見せて足元で)

相手の裏で受けようといったん前に動いてから後ろに少し戻り、足元でボールを受ける。

〈自分〉いったん裏へ行くふり

相手も裏を意識

白チームの攻撃方向

後ろに下がる

足元でボールを受ける

パス

A 「チェックの動き」が効果的です

☝ ココが大事！ 仲間との連係をみがく

チェックの動きは、ボールをいつ、どこでほしいのかがパスの出し手と受け手で共有されていなければなりません。声やジェスチャー、目線などを使ったり、動き出しのタイミングをみがいたりして、ふだんから仲間と連係を高めましょう。

🚩 やってみよう2 　チェックの動き2（足元と見せて裏へ）

足元で受けようといったん後ろに引いてから素早く前に出て、相手の裏でボールを受ける。

相手も前を意識

〈自分〉
いったん足元で
受けるふり

白チームの攻撃方向

裏に走り出す

裏のスペースで
ボールを受ける

パス

ここでのチェックの動きは、サイドでボールを受けるときのポイントになる（中央でボールを受けるときのポイントは82〜83ページ）

79

Q 35 フォワードのボールの受けかたはありますか?

フォワードの特徴的な受けかたとして、マークにつかれているときに相手から離れて背後をとりにいく「プルアウェイ」や、外へ開いていく動きをしながら、内側へ斜めに走り込んでパスを受ける「ダイアゴナルラン」があります。どちらも相手のマークを外すうえで有効です。

やってみよう1 プルアウェイ

一度、ボールに近づく動きをして相手ディフェンダーを引きつけ、そこから弧を描くように回り込み、前方のスペースでパスを受ける。

パスのコースは相手の前と後ろの2つ。出し手と受け手でコミュニケーションをとろう

FW（自分）

攻撃方向

相手DF

ボールに近づく動き

攻撃側の動きを意識

相手から遠ざかりながら裏のスペースをねらう

前を向いてボールを受ける

A プルアウェイや ダイアゴナルランがあります

レベルアップのコツ

相手の目を盗むことも大切

　すべてのポジションにいえますが、サッカーでは洞察力や想像力も大切です。自分のマークについた相手がボールやボールと関係ない方向を見ていたら、そのすきに離れてボールを受けてもオーケー。そういう気づきが出てくると、よりサッカーがおもしろくなってくるはずです。

やってみよう2 ダイアゴナルラン

　チェックの動きを入れ、相手ディフェンダーを引きつけてから斜め前に走り込み、スペースでボールを受ける。

いったんボールから離れる

攻撃側の動きを意識

斜めに入って裏のスペースをねらう

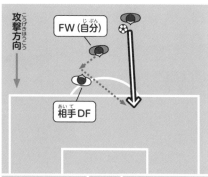

攻撃方向

FW（自分）

相手DF

相手を外してボールを受ける

Q36 中央でパスを受けるときのポイントはなんですか?

🚩 やってみよう 相手を外す動き

どちらもチェックの動きがベースになっている。

ボールから離れて受ける

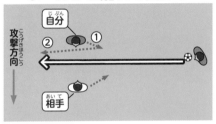

いったんボールに寄ってから（①）、離れる（②）

相手の①の動きに対応

相手の正面を外してボールを受ける

ボールに寄って受ける

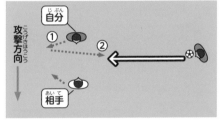

いったんボールから離れ（①）、そのあと寄る（②）

相手の①の動きに対応

相手の正面を外してボールを受ける

A 相手の正面を外すことです

　ミドルサード (94 ～ 95 ページ) の中央でボールを受けるとき、止まったまま受けようとすると相手のプレッシャーをもろに受けてしまいます。チェックの動きなどを入れて、相手の正面から外れることが大切です。

　相手の正面から外れるためには、81 ページでもふれましたが、相手の目線を見ておくことも大切です。相手がボールを見ているときにポジションをとることで、よりよい状態で受けることができます。

✕ 相手を外せず、正面からプレッシャーを受けてしまう

横にずれないで足元で受けた結果、相手に寄せられてしまう

 レベルアップのコツ

横パスを受けるとき、角度をつけると◎

　フィールドの中央で横パスを受けるときは、角度をつけると視野が確保でき、相手との間合い（距離）も広がって余裕が生まれます。意識して実践してみましょう。

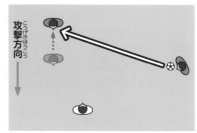

後ろに下がって角度をつけることで余裕ができる（ボールと相手を同一視できるとなおよい）

第**4**章　個人で攻める、個人で守る！

Q37 1対1の守備ではどこに立てばいいですか？

A ゴールの中心とボールを結んだ線上に立ちましょう

ボールを持った相手選手に対する立ち位置の基本は、自陣ゴールの中心とボールを結んだ線上です。このラインから外れたところに立つと、シュートコースが空いてしまいます。また、立つ位置だけでなく、「ゴールを決めさせない」という強い闘争心を持つことも大切です。

ディフェンダー（DF）の正しい立ち位置

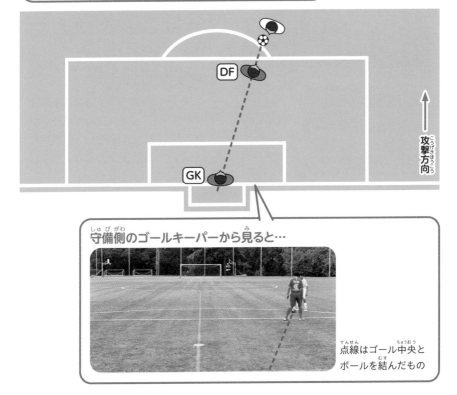

攻撃方向

守備側のゴールキーパーから見ると…

点線はゴール中央とボールを結んだもの

■相手との距離（間合い）も意識する

自陣のゴール前であれば、相手にシュートを打たせないことが大切です。そのためには相手との距離（間合い）を、ある程度詰める必要があります。

1人ひとりの体の大きさなどで距離は変わりますが（下の写真参照）、まずはゴールの中心とボールの位置を確認して、その間に入ることを意識しましょう。

🚩 やってみよう

○ 適切な間合い

相手がパスやシュートをしたら足を出して奪ったりふせいだりすることができる（具体的には、お互いが腕を伸ばして握手できるくらいの距離）

相手 ｜ 自分

→ 白の攻撃方向

✕ 広すぎる間合い

相手のパスやシュートに対応できない（相手がなんでもできてしまう）

→ 白の攻撃方向

85

Q 38 守備で意識することはなんですか?

相手がボールを保持しているときの対応には優先順位があります。これらを意識して守備をしましょう。
①ボールの移動中、相手に寄せながら、インターセプト（パスカット）をねらう
②相手がコントロールして、ボールが体から離れた瞬間をねらって奪う
③相手に前を向かせない
④できるだけ攻撃を遅らせる

やってみよう 優先順位を意識した守備

マークする相手との距離やボールの出し手の位置などによって状況が変化するなかで、白チームのディフェンダーは適したプレーを実践しよう。

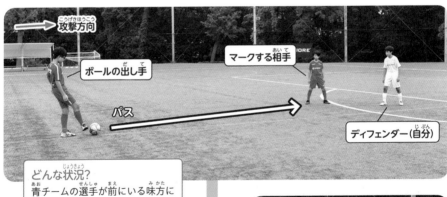

攻撃方向
マークする相手
ボールの出し手
パス
ディフェンダー（自分）

どんな状況?
青チームの選手が前にいる味方に縦パスを出すところ

優先順位① インターセプト

インターセプト!

ボールが移動しているときに間合いを詰めてパスをカットする。よい体勢で奪えれば、守備から攻撃へと局面は切り替わる。守備をしながら攻撃の意識を持っておこう

A まずはインターセプトを ねらいましょう

優先順位② コントロールの瞬間をねらう

相手がファーストタッチをしてボールが体から離れた瞬間に足を出す

コントロール

ボールが足から離れたところを奪う

優先順位③ 前を向かせない (→④攻撃を遅らせる)

前方にプレーさせないように、しっかりと間合いを詰めることで、攻撃をできるだけ遅らせる

間合いを詰めて前を向かせない

プレッシャーをかけて攻撃を遅らせる

ワンポイント アドバイス **積極的に奪いにいこう**

　場所にもよりますが、守備では相手に寄せるだけではなく、ボールを奪いにいってください。インターセプトや相手のファーストタッチの瞬間を積極的にねらいましょう。奪いにいってかわされたら、もう1回行けばいいのです。ただし、ゴール前では奪いにいかずにシュートコースを消し、相手にシュートさせないことも大切です。

Q 39 守備について
1対1で相手に簡単に抜かれてしまいます

A 相手に向き合う体勢を意識しましょう

　相手と1対1になったときにどうかまえるかは、守備において非常に大切です。両足が真横にそろうと対応が遅れてしまうので前後に少しずらし、さらに前方に重心がかかりすぎないことが重要です。相手が左右どちらから抜きにきても対応できるようにしましょう。

🚩 やってみよう1　1対1の姿勢（守備）

◯ よい姿勢　両足を少し前後に開き、上体は相手に正対させる

前から

ディフェンダー(自分)

相手

横から

上体を前に倒しすぎ

✕ 悪い姿勢
上体が前傾しすぎると、相手が突破してきたときに対応が遅れやすい

■相手のドリブルへの対応

　相手がドリブルで突破してきたときの対応はおもに2つあります。

　ドリブルのコースと平行についていき、ボールが相手の足から離れた瞬間に体を入れて奪う方法と、体を入れるタイミングがないときは、そのまま平行についていって突破させない方法です。

🚩 やってみよう2　ドリブルの対応

　左ページの写真の状況から相手がドリブルでしかけてきたケース。

平行についていく

相手が小さくドリブルをして体を入れられない場合は、ドリブルのコースと平行についていき、抜かせない（シュートを打たせない）ようにする

無理に奪おうとせずついていく

シュートコースをふさぎながら対応

ドリブル方向

体を入れて奪う

相手のドリブルが大きくなり、足元からボールが離れたら相手の前に体を入れて奪う

腕と足をうまく使って体を入れる

相手にボールをさわらせずに奪う

ドリブル方向

体を入れたときに、自分とボールとの距離が離れていると反則をとられることがあるので注意しよう

後ろから奪いにいくと入れ替わられてしまいます

🚩 **やってみよう** 相手が背中を向けたときの間合い

⭕ **適切な距離** ひじを曲げた状態で、手が相手につくくらいが適切な距離

斜め前から

相手 ディフェンダー(自分)

青の攻撃方向

横から

適切な距離

横から

❌ **距離が近すぎる**
上体を相手の背中につけてはダメ

A 相手に体をつけすぎているのかもしれません

　相手が背中を向けてボールをキープしているときは、前を向かせない意識を持つことが大事です。体を相手に寄せすぎると、入れ替わられやすくなってしまいます。

　守備側は体を密着させずに少し距離をとって腰を落としてかまえながら、ボールを下から（相手の足の間などから）のぞくようにして対応しましょう。ボールが横にずれたら、89ページのように体を入れて対応します。

⚠️ **気をつけよう**

後ろから押した力を利用されないように

　たとえば相撲でも、力士がお互いに押し合っているとき、その力を利用されて相手に引かれ、前にばったりと手をつく場面を見たことがあるのではないでしょうか。それと同じで、守備では相手に体をくっつけすぎずに対応することが大切です。

ボールを奪おうと体を密着させて後ろから押すことによって、攻撃側の選手が体を入れ替えやすくなる

後ろから押す

押された力を利用してターン

第4章　個人で攻める、個人で守る！

コラム❸

1対1、2対1の練習メニュー例

　1対1や2対1の練習メニューを紹介します。攻撃側はこの章でも紹介した、突破のドリブル、キープのドリブル、運ぶドリブルをテーマにしたものです。守備側はボールを奪うことを意識しましょう。対象のめやすを記載していますが、指導者の方は選手のレベルに応じて、広さなどを調節してください。

1対1（突破のドリブル）
【対象：小学校低学年以上】

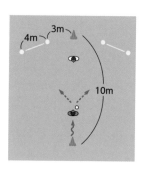

攻撃側（青）はマーカーでつくった2つのゲートのうちどちらかを走り抜けたら勝ち。最初はボールなしで、守備側は攻撃側をタッチしにいく。次にボールありでおこない、攻撃側はゲートの突破、守備側はボールを奪うことをめざす

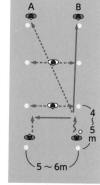

2対1＋1（運ぶドリブル）
【対象：小学5〜6年以上】

攻撃側（青）はパスやドリブルで守備者がいるラインの突破をめざす。前にいるA・Bにパスをしてもオーケー。ボール保持者はスピードを上げず、運ぶドリブルで守備者の動きや前方の状況を見る。守備者は2つのマーカーを結んだ線上のみ動いてボールを奪う。A・Bにパスを通させないポジショニングも意識する

1対1（キープのドリブル）
【対象：小学校高学年以上】

攻撃側（青）が前方にドリブルしたあと、左右どちらかのゲートまでボールを運んだら勝ち。ドリブルのスピードは上げず、62〜63ページで紹介したように体と腕をうまく使ってボールをキープしながらゲートをめざす（ターンを使って方向を変えてもよい）。守備側はボールを奪うようにする

第5章

仲間と一緒に
試合で勝とう!

グループ戦術を理解して
試合に生かしましょう

仲間と協力して
試合に勝ちたい!

Q41 広いフィールドの上で何をすべきかわかりません

サッカーではフィールドを横に3分割することで、それぞれのゾーンで重視するプレーを考えることがあります。

3つのゾーンは、下の図のように

「ディフェンディングサード」「ミドルサード」「アタッキングサード」です。それぞれのゾーンの特徴を意識することで、自分がいま何をやるべきかが明確になることがあります。

フィールド内の3つのゾーン

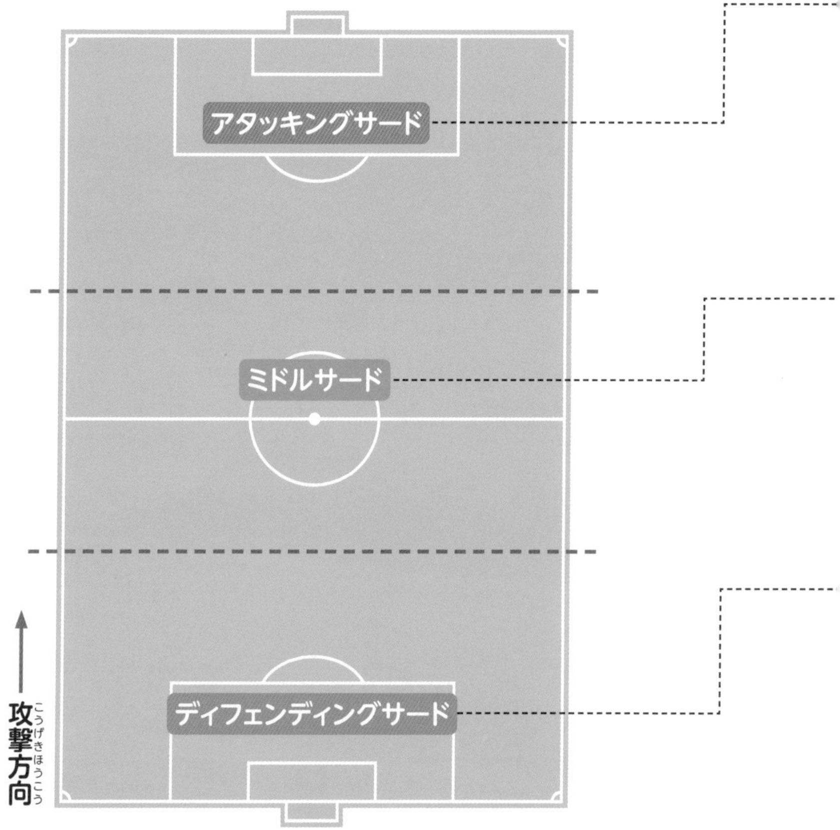

アタッキングサード

ミドルサード

ディフェンディングサード

攻撃方向

A 3つのゾーンの意味を理解しましょう

> **ワンポイントアドバイス** 自由な発想でオーケー！
>
> 　下の説明は、あくまで基本的なものです。試合ではチャンスがあればミドルサードでシュートを打ってもいいですし、ディフェンディングサードから難しいパスを出すことも悪くありません。自由な発想でプレーしましょう！

3つのゾーンの特徴

アタッキングサード

　相手ゴールに近いエリアです。「アタッキング」は、攻撃をするという意味があり、ここでは得点を決めるために、積極的にゴールを目指しましょう。少し難しいシュートやパス、相手をあざむくプレーにチャレンジしてもオーケーです。

©Getty Images

ミドルサード

　中央のエリアで、「ミドル」は「中間の」という意味があります。攻撃をするためにゲームをつくる準備をします。ていねいにボールをあつかいながらチャンスにつながる攻撃をねらいましょう。

©Getty Images

ディフェンディングサード

　味方ゴールにもっとも近いエリアです。「ディフェンディング」は、守備をするという意味があり、ここでは安全第一に、仲間にパスを確実につなぐプレーを心がけましょう。パスがつなげない場合は、大きくクリアすることも大切です。

©Getty Images

攻撃のときチームとして何を意識するべきですか?

　幅とは、「チーム全体での左右の距離」のことです。横幅を広くとって攻撃することを「幅をとる」といいます。自分たちが横に広がることで、相手チームの選手も横に広がり、縦にボールを入れやすくなります。

　深さは、「チーム全体での前後の距離」のことです。深さをとるとは、相手ゴールに近いところでプレーすることと、ディフェンダーも無理に高い（前の）ポジションをとらないことの両方をさします。

幅と深さについて

図1

⚠ **幅はあるが、深さがない**

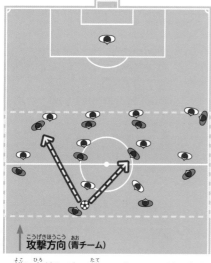

攻撃方向 (青チーム)

横に広がることで縦へのパスコースはできるが、相手ゴールの近くで受ける選手がいない（相手の背後への意識が低い）。十分なスペースもなく、相手のプレッシャーを受けやすい

図2

⚠ **深さはあるが、幅がない**

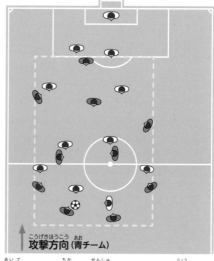

攻撃方向 (青チーム)

相手ゴールの近くに選手はいるものの、両サイドのスペースを有効に使えていない。図1同様にスペースが十分にない

A 幅と深さです

図3

◯ 幅も深さもある

横に広がることで縦へのパスコースもでき、相手ゴールの近くで受ける選手もいるので、得点の可能性が図1より高くなるほか、図1・2よりもスペースができるので、各選手が相手の間でボールを受けやすくなる。

また、ディフェンダーの選手も後ろにいることで、ボールを保持しているAが、左サイドからの攻撃が難しいと判断したら、Bを使って逆サイドに展開しやすくなる

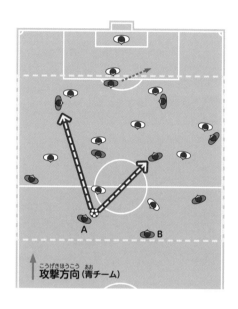

攻撃方向（青チーム）

⚠ 気をつけよう

攻守のバランスを意識しよう

　深さを意識するあまり、攻撃に100パーセントの力で行ってしまっては、相手の攻撃を受けやすくなります。攻撃していても、守備の準備は必要です。ゴールキーパーをはじめチームで攻守のバランスをとることを意識しましょう。

全員が相手ゴール近くでプレーしようとすると、守備がうすくなってしまう

攻撃方向（青チーム）

Q 43 守備のときチームとして何を意識するべきですか？

守備での密集について

⭕ 密集がつくれている
（コンパクトな守備）

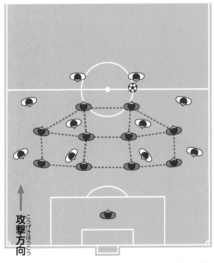

攻撃方向

お互いが離れ離れにならず、一定の距離を保つと相手がボールを受けるスペースをなくすことができる

❌ 密集がつくれていない

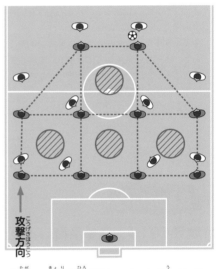

攻撃方向

お互いの距離が広がるとスペースが生まれてしまう（図内の赤い円）。相手がこのスペースでボールを受けたり、おとりのために入ってきたりすると、守備の対応が難しくなる

お互いが離れ離れにならなければ、ボール保持者に対して複数でプレッシャーをかけることもできる

©Getty Images

98

A 密集をつくることです

守備のときに意識したいのは、密集をつくることです。それぞれのチームメイトが離れ離れにならないように、一定の間隔を保って空いているスペースをなくしましょう。これ

ができると、「コンパクトな守備」が可能になります。攻めてくる相手が幅をとって広がった場合も、まずは中央をしっかり守ることを優先しましょう。

ココが大事！ ファーストディフェンダーがボールに行く

守備では密集をつくることが基本ですが、大事なのは最初にプレッシャーをかけにいく選手です。ボールホルダーにプレッシャーがかかっていないと、ロングボールをけられやすく、その場合、全体が下がらなくてはなりません。プレッシャーをかければラインも上げることができ、コンパクトな守備が可能になります。

ファーストディフェンダーが相手のボール保持者にプレッシャーをかけている（一般的にボールに近い人がファーストディフェンダーとなる）

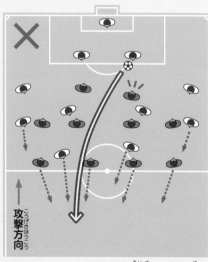

ファーストディフェンダーが相手のボール保持者にプレッシャーをかけないと、自由にボールをけることができる。味方の最終ラインの背後にけられるとピンチになりやすい

99

Q44 2対2で相手の守備を崩す方法はありますか?

どんな局面?

→ 2対2の攻撃

攻撃方向

■ワンツー(パス)の例

横のワンツー

Aがドリブルでしかけ、守備「あ」を引きつけてBにパス。Bはワンタッチで「あ」の背後にパスをして突破(AとBが守備「あ」をターゲットにして2対1をつくる)

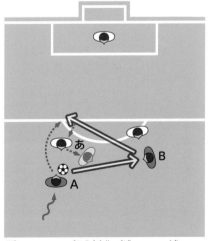

幅をとることで相手2人の間をパスで通しやすくなり、突破の可能性が高くなる

縦のワンツー

AとBが縦の位置関係にあるときの例。AがBに縦パスを出し、Bのワンタッチの落とし(後方にいる味方への短いパス)を受ける

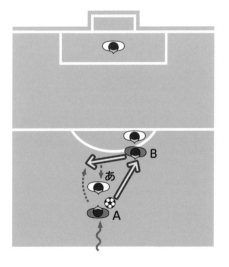

100

A ワンツーやオーバーラップなどが有効です

70ページでパスのねらうところ（優先順位）を紹介しましたが、攻撃全体での優先順位は①シュート、②相手背後へのパスです。まずはこの2つを意識しましょう。2対2では、相手守備の1人をターゲットにして、「2対1」をつくることで突破の可能性が高まります。代表的なワンツー（パス）*やオーバーラップの例を紹介します。相手の変化を見て、その局面でもっとも効果的なプレーを選べるといいですね。

オーバーラップ

Aがドリブルでしかけ、Aの外側を回ってBが追い越す。AがBへパスを出して突破を図る（AとBが守備「あ」をターゲットにして2対1をつくる）

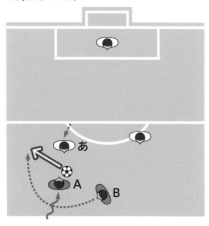

インナーラップ

Aがドリブルでしかけ、Aの内側を通ってBが追い越す。AがBへパスを出して突破を図る（AとBが守備「あ」をターゲットにして2対1をつくる）

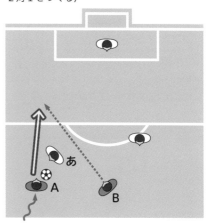

ワンポイントアドバイス　オーバーラップに必要な条件

オーバーラップに必要なのは、①ボール保持者がフリー、②ボール保持者が時間をつくる、③オーバーラップする選手のよい動き出し、です。オーバーラップする選手は「回るぞ！」とボール保持者に声をかけて2対1の状況を伝えるなど、コミュニケーションをとることも大切です。

*選手2人がワンタッチでのパス交換によって相手を抜いたり、スペースに侵入したりするプレー。「壁パス」ともいわれる

2対2で簡単に突破されてしまいます

どんな局面？

→2対2の守備

攻撃方向

■中央を閉じる守備（チャレンジ&カバー）

チャレンジ&カバー①

ボール保持者「あ」に対してAがプレッシャーをかける（チャレンジ）。BはAが抜かれたときのためにカバーできる位置に入る（カバー）

チャレンジ&カバー②

「あ」が「い」にパスを出した場合、今度はBがボールに寄せて（チャレンジ）、AはBが抜かれたときにカバーできる位置に入る（カバー）

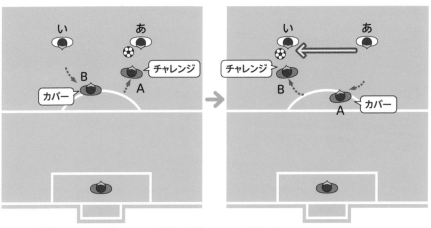

ボール保持者のボールの持ちかた（上体の角度など）や目線も見ながら、ボールをとりにいくタイミングをつかめるようになろう

A 中央を閉じて守ることが ポイントです

　守備のときに共通して一番大事なのは、中央を突破させないことなので、「中央を閉じながら守る」ことがポイントです。

　2対2であれば、守備の基本戦術である「チャレンジ&カバー」を実践することで、中央突破をふせぎます。ただし、中央を閉じるだけで相手へのプレッシャーがかからないと意味がありません。すきがあればボールを奪うという意識を持ってください。

🏃 レベルアップのコツ

「チャレンジ&カバー」ではなく、「チャレンジ&チャレンジ」で！

　「チャレンジ&カバー」は守備における基本的な戦術ですが、相手のボールを奪うためには、「チャレンジ&チャレンジ」の意識も必要だと思います。カバーの位置に入ることも大切ですが、下の図のように相手が横パスを出してきたら、奪いにいけるような距離を保っておき、プレッシャーをかけて奪うという意識をぜひ持ってほしいです。それで相手にかわされたとしても、もう1回チャレンジすればいいのです。ボールを奪えないことは決してミスではありません。「奪えないことをおそれずに、何度でもとりにいこう！」ということを伝えたいですね。

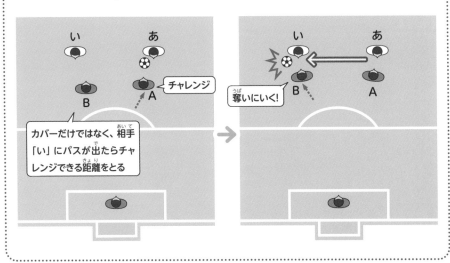

第5章　仲間と一緒に試合で勝とう！

103

Q46 「3人目の動き」って なんですか?

どんな局面?

→3対2の攻撃

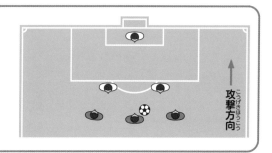

■3人目の動き

例①(ミラーパス*)

100ページで紹介したワンツーの要領で、3人目(C)がボールを受けている。Cは、AからBにパスが出されたとき(ボールの移動中)に動き出すことがポイント

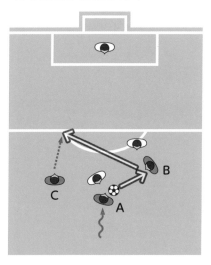

例②

攻撃側は前に1人、後ろに2人いる局面。AからBに縦パスを入れ、その落としを3人目(C)が受ける。ここでもCは、AからBにパスが出されたとき(ボールの移動中)に動き出すことがポイント

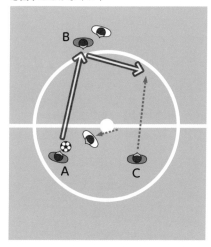

104　＊光が鏡に当たって反射するような角度で、入ったパスが受け手から展開されるパス

A 2人で攻めているときに もう1人が加わることです

3人目の動きとは、攻撃しているときに、パスの出し手と受け手以外のもう1人がボールにかかわることです（「第3の動き」ともいわれます）。守備側はボールに注意がいくので、ボールが動いているときに3人目が動き出すことでマークがおろそかになり、局面を打開できる可能性が高まります。ここでは3対2の局面として、いくつか例をあげます。

例③

前に2人、後ろに1人いる局面。AとBがワンツーパスをおこない、リターンパスを受けたAが前のスペースにパスを入れて、3人目（C）が受ける。例①②よりパスが1本増えるので、Cの動き出しのタイミングがより難しくなる

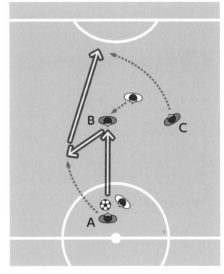

📣 ワンポイント アドバイス 3人目としての気づきを持とう

「3人目の動き」で重要なのは、やはり3人目としてかかわる選手です。「自分があそこにかかわったら、スムーズに攻められるな」「自分があのスペースに入ったらフリーでもらえるな」といったことに、自分と相手またはボールの状況から、気づけるかどうかがポイントです。

第5章 仲間と一緒に試合で勝とう！

3対3ではどのように守ればいいですか?

どんな局面?

→3対3の守備

攻撃方向

○中を閉じて外に追い出す

Aがファーストディフェンダーとなってボール保持者（あ）にプレッシャーをかけ、BとCはAが抜かれたときにカバーにいくことができ、なおかつ目の前にいる相手にパスが出たら寄せることができる位置に入る（Bから出ている点線矢印①②）

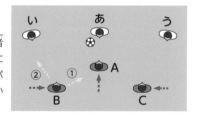

○ファーストディフェンダーは前方と片側を切る

3対3の守備では、相手の「3人目」にかかわらせないことが重要。ファーストディフェンダーはシュートコースを消して前方と片側のプレーを限定しながら、ボール保持者にアプローチする。図では、「う」へのパスコースを切ることで、A・Bと「あ」「い」の2対2の状況にしている

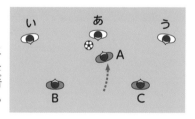

✕中を閉じないと前方にプレーされてしまう

BとCがそれぞれ前にいる「い」「う」を気にして中を閉じていないと、ファーストディフェンダーのAがかわされたら前方が空いているのでシュートやパスをされてしまう

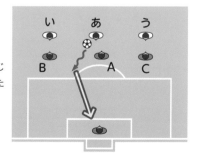

A ボールに行く人と中を閉じる人の役割を分けましょう

　3対3の守備では、ボールに寄せる人と中を閉じる人との役割を分けて対応します。ファーストディフェンダーがボールにプレッシャーをかけながら、残り2人が中を閉じます。ファーストディフェンダーがかわされたらシュートを打たれてしまうので、「中を閉じて外に追い出す」ことが重要です。まずは中央からシュートを打たれないように、自分たちからバランスを崩さないことを意識しましょう。

📣 **ワンポイントアドバイス** 縦の関係でも中を閉じて外に追い出す！

　フォワードが守備をおこなう局面などでは図のように縦関係の3対3になることもありますが、ここでも大事なのは中を閉じることです。中を閉じないと、2人の間をパスで通され、簡単に1対2の状況をつくられて突破を許してしまいます。

⭕ Aがボール保持者に寄せて、Bは中を閉じる（このとき、Aは「い」にパスを出させるように片側を切る）

❌ Bが中を閉じていないと、相手「う」への縦パスを出され、相手「い」が前向きにボールを受けて、Cと「い」「う」で1対2の数的不利になってしまう

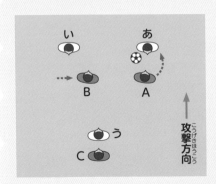

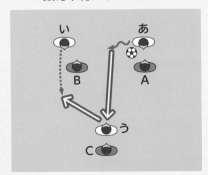

Q 48 3対3ではどのように突破すればいいですか?

どんな局面?

→ **3対3の攻撃**

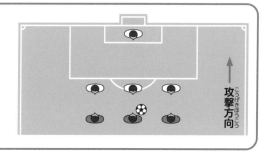

攻撃方向

■ 2対1をつくる

AがBにパスをして、そのままBの前へインナーラップ。2対1の状況をつくることで、相手「い」はBのドリブルとAのインナーラップのどちらに対応すればよいか対応が難しくなる(守備側としてはボールに行く人、カバーする人をはっきりさせることが必要)

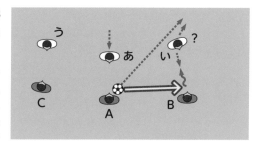

■ 相手を引きつけてパス

AがBにパス。Bが、「3人目の動き」で裏のスペースに走り込んだCにパスをするのも有効。このとき、Aは相手「あ」を引きつけてからBにパスをすることで、裏のスペースを突きやすくなる

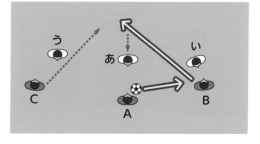

A ランニングなどで 相手の守備を崩しましょう

3対3の攻撃では、バランスがとれた相手の守備を崩すことが求められます。ランニングなどの動きを入れて相手のマークをはっきりさせない状況をつくり、守備の関係性に変化をつけることが大切です。

また、ワンタッチパスなどを使って、3人目がかかわる状況をつくることも有効です。いずれも前方に向かってプレーする意識が必要で、相手の背後をつねにねらうようにしましょう。

第5章 仲間と一緒に試合で勝とう！

📣 ワンポイントアドバイス 立ち位置とパスコースでも工夫できる

3対3の攻撃では、守っている相手の間隔を広げる（＝幅をとる）こともポイントです。立ち位置を少しずらすことで、裏へのスペースをとりやすくなります（図A）。また、ボールを動かすときにとなりの選手にだけパスを出しているとボールの移動距離が短く、相手も対応しやすいので、1人飛ばしてパスを出すことも有効です（図B）。

図A
相手が中を閉じてきたら、幅をとることで高い位置でボールを受けやすくなる（ボール保持者へのプレッシャーが弱い場合）

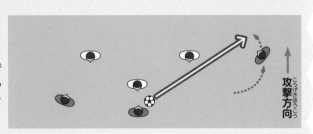

攻撃方向

図B
サイドから1人飛ばして逆サイドに出すことで、相手の移動距離も長くなり対応が遅れることがある

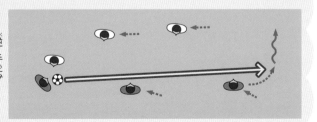

試合に近い練習には
どんなものがありますか？

4対4のミニゲームは、実戦をイメージしやすいのでおすすめです。4人がダイヤモンドの形（ひし形）に位置することで「3ライン」ができ、フィールドで幅と深さを実感できます。2対2や3対3といった、ここまで紹介してきた状況がいくつも出てくるはずです。さらに、大きめのゴールを使うこともポイントです。攻撃側はシュートの意識が高まることで、実戦に近い攻防が生まれるでしょう。

■4対4

4人がダイヤモンドの形に位置することで、ディフェンダー・ミッドフィルダー・フォワードの3ラインができる。さらに幅と深さを意識できるので、より実戦に近い感覚をやしなえる

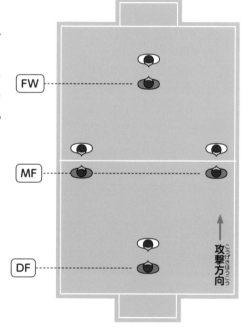

FW

MF

DF

攻撃方向

バリエーション

小学校高学年になって習熟度が高まってきたら、「タッチ数を制限する（3タッチ以内→2タッチ以内など）」、「フリーマン*をつける」などでおこなってもよい。フリーマンを入れることで数的優位・不利が生まれるので、攻守がより明確になる。このほかミニゴールを4つ使用し、ゴールラインの両サイドに2つずつ置くのもよい

110 ＊つねにボールを保持しているチームの一員としてプレーする選手（攻守が入れ替わってもフリーマンはつねにボールを保持しているチームにつく）

A 4対4のミニゲームが代表的です

発展

■7対7（ゴールキーパー含む）

ゴールキーパーを入れておこなうのであれば、7対7がおすすめ。選手の基本的な配置は図のように、ゴールキーパー1人、ディフェンダー2人、ミッドフィルダー3人、フォワード1人。選手が増えて3ラインによる攻防がさらに実戦的になる。

ゴールキーパーもディフェンダーと同じような意識で攻撃にかかわることが求められる

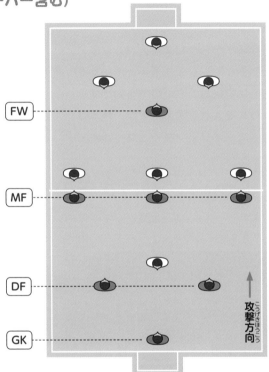

FW
MF
DF
GK

攻撃方向

✊ココが大事！ フィールドの広さも意識しよう

　フィールドのサイズは、年齢やテーマによっても変わります。たとえば、攻撃がテーマなら相手守備の裏を有効に使えるよう、広めに設定するのがよいでしょう。反対に、守備がテーマなら連係した守備が実践しやすいように少し狭く設定します。テーマに応じて「成功体験」が得られるサイズに設定することも必要です。

Q50 クロスはどこに上げればいいですか？

A GKとDFの間に入れるのが基本です

サイドからクロスを入れる攻撃は、守備側がマークする選手とボールを同時に把握しづらいので有効です。クロスを入れる場所ですが、基本は相手のディフェンダーとゴールキーパーの間です。最初は、近い（ニア）サイドで味方に合わせることを意識し、相手がしっかりと対応してきたときは遠い（ファー）サイドに切り替えることも必要です。

やってみよう1 クロスを入れる場所（1）

相手ディフェンダーとゴールキーパーの間をねらおう。ゴールキーパーが前に出てきて対応しづらく、ディフェンダーも下がりながらのクリアが難しくなる。

相手ディフェンダー　相手ディフェンダー　相手ゴールキーパー

味方　味方

クロスを入れる選手（自分）

青チームの攻撃方向

やってみよう2 クロスを入れる場所 (2)

まずはニアサイドをねらう

　最初はボールに近いサイド（ニアサイド）で合わせるようにする。中央の味方が相手より先にさわることができれば得点の可能性が高まり、相手にマークされてシュートできなくても、ゴール前に別の味方が入ってくればシュートのチャンスが生まれる。

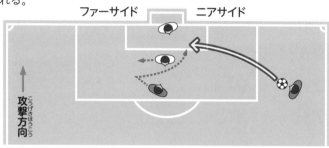

ファーサイド　　　ニアサイド

攻撃方向

対応されたらファーサイドで

　ニアサイドで合わせようとして相手がついてきたら、中央の味方はプルアウェイ（80ページ）の要領で回り込み、ボールから遠いサイド（ファーサイド）で合わせる。相手のマークを外すことができれば、得点の可能性が高くなる。

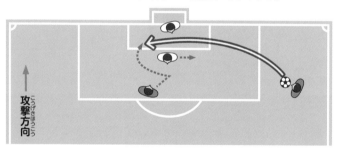

攻撃方向

ワンポイントアドバイス　密集にクロスを入れるのも有効

　上の図のように、キッカーと味方がねらいを共有できるケースではなく、たとえばコーナーキック直後などの味方と相手が密集している状況で、低くて速いボールをあえて入れることも有効です。とくに雨のときはグラウンドもスリッピー（すべりやすい）ですし、ゴール前の混戦では、何かが起きるかもしれません。

第5章

仲間と一緒に試合で勝とう！

113

Q 51 クロスに合わせる タイミングがつかめません

A 味方がけるタイミングで 動き出します

🚩 やってみよう1

ニアサイドへの
入りかた

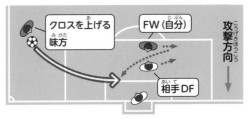

> クロスを上げる
> 味方
>
> FW（自分）
>
> 相手DF
>
> 攻撃方向

> ファーサイドに行くふりをして相手ディフェンダーの視野から消えて、一気にニアサイドに走り込む

ニアサイド、ファーサイドのどちらに入っていくにしても、スピードの変化と方向を変えることを意識しよう

ゴール前でクロスに合わせるには、ニアサイド、ファーサイドともに、相手の目線がボールと自分を同一視できないところに入ることがポイントです。動き出すタイミングは、クロスを上げる選手の顔が上がってボールをけれる状況になったとき。ニアサイド、ファーサイドのどちらで合わせるかは、相手の状況に応じてジェスチャーなどで意思疎通を図りましょう。ニアサイド、ファーサイドへの入りかたを紹介します。

▶ やってみよう2

ファーサイドへの入りかた

ニアサイドに入っていくふりをして相手ディフェンダーを引きつけ、背後に回り込むようにしてファーサイドに入っていく

どんな局面？

→クロスを
　上げるところ
　がない

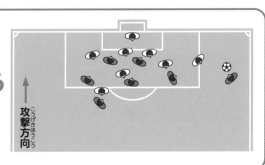

攻撃方向

■ペナルティーアーク付近のスペースを突く

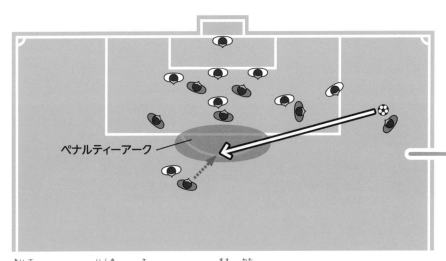

ペナルティーアーク

相手がクロスを意識して下がり、ゴール前を固められたケースではペナルティーアーク付近のスペースが空くことがあるので、そこにボールを送るのが有効。受けた選手は余裕があれば、積極的にミドルシュートをねらおう

A 中央のスペースが空くことが多いです

相手ディフェンダーが戻ってゴール前を固めると、クロスをニアに上げても、ファーに上げてもはね返されることが多くなります。そんなとき、攻撃の可能性を高める1つが、中央のスペースを突くこと。そのあとにはシュートを打ってもいいですし、ボールを奪いにくる守備陣の背後やニアサイドにスペースができるので、そこをねらうのが有効です。

 レベルアップのコツ

ミドルシュートをみがこう

116ページの下の図のような場面では、思いきってミドルシュートを打つことも必要です。ミドルシュートをねらうと、下の図の説明文のようにメリットが出てきます。ミドルシュートをみがくことで、相手はさらに警戒してくるはずです。

■相手の背後やポケットを突く

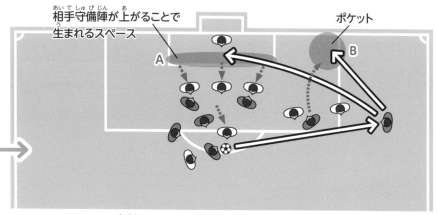

相手守備陣が上がることで生まれるスペース

ポケット

ペナルティーアーク付近でボールを受けると、相手守備陣はシュートを打たせないように全体的に寄せてくることが多く、それにより背後にスペースが生まれやすい（A）。そこでサイドの選手にもう一度パスを送ってクロスを入れる、あるいは「ポケット」と呼ばれるニアサイドのスペース（B）に走り込んだ味方にパスを出すことで、得点の可能性が高くなる

第**5**章 仲間と一緒に試合で勝とう！

クロスについて（守備）

Q53 クロスに対する守備が うまくできません

相手にクロスを上げられそうなときに、中央（ゴール前）で守っている選手はボールとマークする相手を同一視できるポジション、体の向きをとります。まずは、ニアサイドに入られないように警戒し、相手とは自分がさわれるくらいの距離をつねにとっておきましょう。ファーサイドに回り込んだときも、ついていくようにします。

やってみよう

クロスの対応

写真は右の図と同じ状況。守備者（白チーム）はボールとマークする相手を両方見ることができるポジション、体の向きをとる。

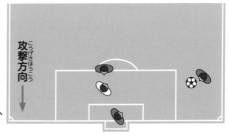

攻撃方向

相手（クロスを上げる人）

相手フォワード

ディフェンダー（自分）

A ボールと相手を同一視できる ポジションをとります

 ヘディングのクリアは大きくはね返す

　サイドから上がってきたクロスをゴール前でクリアするとき、体をひねってヘディングすると飛距離が出ないで中央に落ちてしまい、相手にそのままシュートを打たれるリスクが出てきます。ボールが飛んできた方向（クロスがけられた場所と同じ方向）に大きくはね返すほうがより安全といえるでしょう。

相手がニアサイドに入ろうとしたとき

相手がファーサイドに入ろうとしたとき

どちらのサイドに入られても、つねに相手をさわれるくらいの距離を保つ

グループでできる練習メニュー例

　グループでできる代表的な練習メニュー（ボール保持）を紹介します。グループでの練習は、小学４年生くらいからとりいれると、選手の理解が進みやすいと感じています。指導者は、選手のレベルに応じて広さやタッチ数（制限なしから減らしていく）をコントロールし、段階的にトレーニングのレベルを上げていくことが望ましいです。

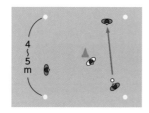

3対1

やりかた：コーンを中央に置き、攻撃側（青）は守備者（白）にとられないようにパスを回す。コーンにボールを当てて倒したら1ポイント（守備者はもう1回おこなうなど）

ポイント：パスの質（味方の奥の足へ）、体の向き（つねに全体が見られる視野を確保しつつ、コーンを意識する）

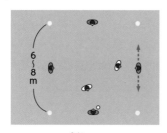

スタンダードな4対2

やりかた：攻撃側（青）4人は四角形の各辺上に入り、守備側にとられないようにパスを回す

ポイント：攻撃側は守備者の間をパスで通すようにねらっておく、ポジショニング（相手の手前で受けるか、奥で受けるか）、体の向き

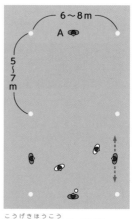

攻撃方向のある 4対2

やりかた：3対2の状況で逆サイドの選手(A)にパスを通す。パスが通ったら守備側（白）と両サイドの2人も移動して、攻撃方向を変えてふたたび3対2をおこなう

ポイント：つねに前方を意識する（パスを受けるときのコントロール、目線）、「3人目の動き」の意識、ポジショニング（相手の手前で受けるか、奥で受けるか）、体の向き

試合の心構え

準備や試合中に
心がけたいことを
紹介します

いいプレーをして
試合に勝つには
どうしたらいいかな？

Q 54 親がすね当てを準備し忘れて試合に出られませんでした

A 用具の準備は自分でやりましょう

サッカーをやるのは自分ですから、自分のことは自分でやるのが当たり前ですね。試合や練習前の用具の準備も、ぜひ自分でやりましょう。グラウンドの外でも自分の行動に責任を持つことが、結局はグラウンドでのプレーにもつながってきます。自分のことを自分でできない選手が、試合でチームのために戦うことはできないと思います。

サッカーも日常生活のことも、自分でできることは自分でやろう

保護者への アドバイス 失敗が成長につながる

保護者の方に伝えたいのは、「子どもは失敗から学んでいく」ということです。年齢が低くて靴ひもが結べないなどの場合はサポートすることが大切ですが、能力的にできることであれば、子どもに任せましょう。失敗しても、それが成長につながっていくはずです。

Q55 試合になると緊張してしまいます

A 自分にできることを一生懸命頑張りましょう

　試合のときはだれでも緊張するもの。スター選手だって、ワールドカップやチャンピオンズリーグを戦うときは緊張するでしょう。だから、みんなも緊張していいんです。緊張したときは、自分のできることを一生懸命頑張りましょう。パスが得意な人は確実につなぐ、守備が得意な人は1対1で抜かれないようにする。その積み重ねがチームの力になると考えれば、少しは気が楽になるのではないでしょうか。

あれこれ余計なことを考えず、自分ができることに集中しよう

コーチへのアドバイス 役割を明確にする

　大人もそうですが、自分の役割がわかっているときはあせったりしないものです。子どもたちも同じで、自分が何をやればいいか、明確になっていないときに緊張するのだと思います。シンプルなものでいいので、それぞれの役割を伝えてあげましょう。

Q 56 試合で相手の選手と言い争ってしまいます

A 相手を敬い、一緒に試合をつくる気持ちが大切です

対戦するチームの選手は"敵"ではありません。サッカーの試合を一緒につくり上げていく"仲間"です。だから、相手の選手がケガをしたときはいたわってあげるべきですし、試合に勝ったときも相手の気持ちを考えずに必要以上に喜ぶのは控えるべきでしょう。ちょっとした行動の中にも、相手を敬う気持ちを忘れないでください。お互いが気持ちよくボールをけることのできる関係を、ともにつくっていきましょう。

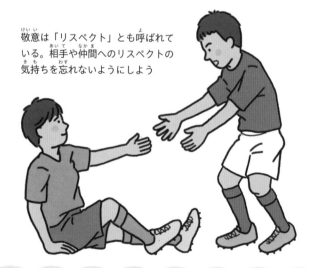

敬意は「リスペクト」とも呼ばれている。相手や仲間へのリスペクトの気持ちを忘れないようにしよう

ワンポイントアドバイス 味方に対しても敬意を

相手はもちろん、チームメイトに対しても敬う気持ちは大切です。味方がミスしたときに、自分のことは棚に上げて強く非難する選手を見かけますが、本当に優れた選手はそんなことはせずに、ミスをカバーしたり、プラスの声をかけたりするはずです。

Q 57 審判の判定に疑問を感じることが多いです

A 審判に対しても敬意を持って接しましょう

選手がミスをするように、審判もミスをすることがあります。そこで必要以上にアピールしたり、文句を言ったりしても、試合で得をすることはほとんどありません。それならば、アピールしたい気持ちをぐっとこらえて、次のプレーを頑張ったほうが勝利に近づくはずです。審判に対しても敬意を持ち、納得がいかない判定があっても、それを受け入れて、プラスの方向に持っていきましょう。

対戦相手と同じように、審判も一緒にサッカーの試合をつくり上げていく"仲間"だ

 子どもは大人の言動をまねしている？

子どもが審判にアピールしたり、文句を言ったりするのは、指導者や保護者の方がそうしているからかもしれません。自分の言動を思い返してみるのもよいでしょう。私は審判の判定に疑問を持ったとき、「大丈夫。審判はちゃんと見ていてくれるから」と、ポジティブな声を選手にかけながら、審判に対しても「信頼していますよ」とメッセージを送っています。

Q 58 試合や練習をすると すぐに疲れてしまいます

A 栄養と休養をとることも 大切です

みんなはちゃんと朝ごはんを食べていますか？ ゆっくり休む時間をつくっていますか？ サッカーがもっとうまくなるために、練習をすることはもちろん大事ですが、食事で栄養をとること、夜はしっかりと寝ることも同じくらい重要です。ついつい動画を見すぎたり、ゲームをしたりして、夜更かしをしてはなかなか体が休まりません。「練習－栄養－休養」というサイクルをつくっていきましょう。

強い体をつくるためにも、練習だけでなく栄養と休養が欠かせない

⚠ 気をつけよう

練習のやりすぎはケガの原因に

小学生のうちにスクールをいくつもかけもちする選手もいるようですが、練習をやりすぎるとケガにつながり、ケガが治らないまま中学生になってしまうこともあります。年齢にもよりますが、土日の試合を含めて週3～4回くらいの活動にして、体をしっかり休めることも考えてみてください。

Q59 試合に負けたあとは何を練習するべきですか?

A 自分のプレーを振り返って考えましょう

　サッカーがうまくなるためには、試合で自分の何がよかったのか、何が悪かったのかを、自分でしっかりと考えることが重要です。負けて悔しいからといって、練習をただやみくもにやっても、すぐに上達につながるわけではないでしょう。自分のよさや課題に目を向けて、続けていくべきことと、直していくべきことを実践することが、結果的にサッカーがうまくなるための近道になると思います。

試合をすれば、自分のよかったところや悪かったところは何となくわかるはず。それを練習に生かそう

 コーチへのアドバイス　選手に考えさせよう

　試合のあと、選手が「(自分の)課題はどこですか?」と聞いてきたら、私は「自分では何を直せばいいと思っているの?」と聞き返します。そこで、「ボク(私)はこう思います」と言った子には、「それにもっとみがきをかけてみよう!」と言っています。自分で出した答えを行動に移すことが、よりうまくなるための一歩だと思います。

Q 60 仲間がミスをすると イライラしてしまいます

A チームのことを考えて 仲間をはげましましょう

イライラしている選手がいると、チームの雰囲気も悪くなってしまいます。うまくいかないときこそ、どうすれば雰囲気をよくできるかを考えるのは、試合ですごく重要です。みんなで声をかけ合って、はげまし合っているチームには、強いチームが多いですし、見ている人にとっても気持ちがいいものです。うまい選手にこそ、どういう声をチームにかけたら仲間がうまくプレーできるかを考えてほしいです。

イライラしたときこそ仲間のことを思ってはげまそう。チームの雰囲気は間違いなくよくなるはず！

✋ ココが大事！ イライラをプラスに

自滅してしまうチームは、うまくいかないときに人のせいにしたり、自分の言いたいことを一方的に言いすぎたりして、雰囲気が悪くなるケースが多い気がします。イライラしたときに、そのエネルギーをプラスの方向に持っていければ、チームにとっても大きな力になるはず。みんなで意識できるといいですね。

第7章

大人に知って
ほしいこと

子どもたちをサポートする
保護者、指導者の方々にとって
大切なことをお伝えします！

Q61 子どもがサッカーをするのに何が一番大事ですか?

A 「サッカーが楽しい」という気持ちです

サッカーでの個人のパフォーマンスを簡単に図示した場合、土台にくるのは「サッカーが楽しい」という気持ちです。この気持ちが十分にない状態で体力や技術・戦術をのせてもうまく積み上がらず、パフォーマンスも安定して向上しないでしょう(右ページの図)。不十分な活動環境や指導、過度の期待や干渉などは、楽しさをさまたげる一因となります。

楽しいという気持ちが十分にあれば、「うまくなりたい(=技術・戦術の向上)」という気持ちにもつながりますし、「うまくなりたい」という気持ちが育ってくると、今度は「負けたくない」という気持ちが育ってくるものです。

大人のみなさんは、子どもたちの「楽しいという気持ち」をはぐくむことを忘れないでください。

「サッカーが楽しい」という気持ちが、上達への土台となる

サッカーにおけるパフォーマンスのイメージ

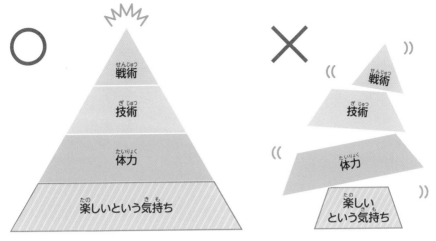

○ 楽しい気持ちが十分にあれば、体力・技術・戦術が高く積み上がっていく（＝選手としてのパフォーマンスも高くなる）

× 楽しい気持ちが十分にないと（土台がしっかりしていないと）、体力・技術・戦術が積み上がっていかない

参考資料：サカママ連載「大槻邦雄の育成年代の『？』に答えます！」（2020年2月27日）より一部改

ワンポイントアドバイス 競争心は自然と生まれる

最近の子どもたちは、「楽しいという気持ち」が十分ではないと感じています。サッカーを習い事のようにとらえ、「やらされている」傾向があるのも、その一因かもしれません。

楽しいという気持ちが十分になければ、競争への意欲も出てきません。そこで大人が競争を無理にあおっても心が疲れてしまいますし、余計に楽しさを感じられなくなるでしょう。楽しいという気持ちを育てることで、自然と競争心が生まれるのです。

勝ちたい、負けたくないといった競争心のベースも「楽しい気持ち」にある（写真はイメージ）

子どものミスが多くて ついおこってしまいます

A 子どもの特徴を理解して 接することが大切です

幼児が1人で着替えられない、あるいはお風呂に入れないのと同じで、サッカーでも年齢によってできないことはあります。「こんなこともできないの？」と言う指導者もいるようですが、できないものはできません。段階を追って身につけられることもありますし、個々で発育・発達のペースも異なります。そこを理解し、正確な知識を持って接しましょう。大人の当たり前が、子どもの当たり前ではないのです。

子どもは「小さな大人」ではない。年代による特徴や個々の特質を理解することが重要

ワンポイント アドバイス 「子どもの目線」で考える

大人の常識のなかで「できて当たり前」ということを、そのまま子どもに当てはめようとすると、子どもはパンクしてしまいます。「子どもがよりサッカーがやりやすくなるためにどうすればいいのか」を考えてあげてください。

Q63 自分の子どもは周りよりできることが少ないです

A 他人と比較せず、「過程」を見守りましょう

　私はよく「(子どもが) 歩き始める時期は、みんなバラバラでしょ」と言います。早い時期に歩けると大人は自慢しますが、いずれは同じように歩けるようになります。だから、まずは他人との比較をしない、

　さらに「できる・できない」の結果にとらわれず、目標に向けて取り組む姿勢を育てましょう。取り組む姿勢は「過程」とも言い換えられます。「過程」をしっかりと見守り、評価してあげましょう。

「取り組む姿勢＝過程」をほめることで、子どもは頑張ることを続けられるようになる

✋ ココが大事！ 他人との比較は親子にとってマイナス

　他人の子と比較することは、保護者自身が苦しい思いをしますし、子どもにとっても苦しいはずです。だからこそ、その子自身が目標に向かっていく姿勢を評価してあげることが大切です。

Q64 自分の子どもが なかなか上達しません

A 適切な目標設定を 意識しましょう

子どもの成長には個人差があるので、大人は見極める必要があります。サッカーの指導でも、「この子は今、この段階にいる」ということを把握しないと、適切なハードルを課すことが難しくなります。たとえば、リフティングが3回しかできない子であれば、いきなり「30回」ではなく、「5回」などといった達成可能な目標を設定しましょう。子どもは「できそう」と思えることで、さらにやる気が出てくるはずです。

個人によって適切なハードルも変わる。それを見極めるのが大人の役割

 ココが大事！ 心の成長に目を向ける

成長には、体の成長だけでなく心の成長もあります。体の成長は目に見えるものですが、心の成長は目に見えません。言葉づかいやしぐさ、仲間とのかかわり合い、指導者の言葉に対する反応など、わずかなサインを見逃さないようにしたいものです。

Q 65 自分の子どもが出ていないと試合に興味が持てません

A チームを応援する気持ちをぜひ持ってください

たとえ自分の子どもが試合に出ていなくても、チーム自体を応援することはとても大切です。そういった姿は、チームにとって、また子ども自身にとっても間違いなくプラスに働くでしょう。選手やスタッフ、サポーターが1つになってこそのチームだと思うので、保護者の方にもポジティブなマインドを持ってもらいたいものです。

わが子が試合に出ていなくてもチームを応援する。その姿は子どもにも響くはず

！ 気をつけよう

「自分さえよければいい」は×

「自分の子どもさえよければいい」という態度が表に出てしまうと、子ども自身の考えかたもそうなってしまうかもしれません。子どもの成長に対して、大人が水を差すことだけは避けたいですし、「自分さえよければいい」という精神は、サッカーというチームスポーツの本質から外れてしまいます。

Q66 サッカー以外のスポーツもやったほうがいいですか？

A はい。さまざまな運動を経験しましょう

頭でイメージしたことを体で表現するのが運動ですが、ある動きを見て、「体をこう動かすんだな」と、すぐにまねできる子とできない子がいます。小さいときにさまざまな動きを経験しているとまねがしやすくなる一方で、1つの競技に特化していると、スムーズに体を動かせないケースが出てきます。したがって、サッカーだけでなく、日によっては野球やアスレチックなど、いろいろな運動を経験することも大切です。

とくに小学生年代ではサッカーに限らず、いろいろな運動をしよう

📢 **ワンポイントアドバイス** 体を動かすことをもっとポジティブに

以前に比べると、サッカーの指導はより専門的、科学的になっています。サッカーがうまくなることももちろん大事ですが、体を動かすこと、いろいろな運動刺激を与えることをもっとポジティブにとらえてもいいと思います。

Q 67 魅力あるクラブにするために必要なことはなんですか?

A 大人同士の関係性を大切にすることです

大人の何気ない言動も子どもたちに影響を与えるので、まずは大人同士の考えをポジティブに合わせていくことが大切です。時には意見の食い違いもあると思いますが、子どもたちの前であからさまに見せるのはよくないですし、感情的にいがみ合うのはもってのほかです。スタッフ、保護者が〝オープンマインド〟を心がけて、よりよい関係をつくっていくことは魅力あるクラブには欠かせないと思います。

スタッフや保護者といった大人同士のよい関係性は、クラブを魅力的にするうえで欠かせない

 ココが大事！　「原点」はみんな一緒のはず

サッカーに対する考えかたは人それぞれですが、みなさん子どものことが好きで、子どものことを思って活動しているはずです。「子どもを一緒に見守る仲間」という意識を持つことで同じ方向性を共有し、信頼関係を築いていきたいものです。

さくいん〈用語解説〉

おもな掲載ページを紹介します

クッションコントロール…P39

ボールの勢いを吸収するように足を
やわらかく使ってボールをコントロ
ールすること

クリア…P112、P119

キックやヘディングで自陣ゴールか
らボールを遠ざけること

クロス…P112、P113、P114、P115、P116、P117

サイドからゴール前に送るパス。「セ
ンタリング」ともいう

ゴールキーパー…P18、P19

チームの最後尾にいて、ゴールを守
るポジション。自陣のペナルティー
エリア内で手を使ってプレーできる

コントロール…P34、P64、P65

足や太もも、胸などを使って、ボー
ルを次のプレーに移行しやすいよう
に止めること

サ行

サイドバック…P19

サイドにポジションをとるディフェ
ンダー

サイドハーフ…P19

サイドにポジションをとるミッドフ
ィルダー

3人目の動き…P104、P105

攻撃時にパスの出し手と受け手以外
にもう1人がボールにかかわること

シュート…P72、P73、P74、P75、P76、P77

得点するためにゴールをねらってボ
ールをけるプレー

スペース…P54、P60、P96、P97、P98

フィールド内で選手がいない、空い
ているエリアのこと

セービング…P51

ゴールキーパーの技術。体を投げ出
してボールをキャッチしたりふせい
だりすること

タ行

ダイアゴナルラン…P81

ボールを受けたり相手を引きつけた
りするために斜め前のスペースに走
り込むこと

ターン…P63

ボールを受けるとき前を向くこと。
またボールを保持していて方向を変
えること

チェックの動き…P78、P79、P81、P82

ボールを受けるときに相手から距離
をとるために、最終的に受けたい場
所とは逆側にいったん動くこと

チャレンジ&カバー…P102、P103

2人もしくは複数人で守るときに
1人がボール保持者に寄せ、もう
1人がボール保持者に寄せた味方を
フォローすること

フィールドプレーヤー…P26

ゴールキーパー以外の選手

フォワード…P18、P19、P80

チームの中で前に位置し、得点をあげることがおもな役割のポジション

深さ…P96、P97

攻撃時のチームとしての前後の広がりのこと

プルアウェイ…P80

ボールを持っていないときに相手のマークを外す動きのこと。相手に寄ってから、離れてボールを受ける

ヘディング…P48、P49、P119

頭でボールをあつかう技術

ペナルティーアーク…P13、P116、P117

ペナルティーエリアラインと、ペナルティーエリアラインに接している半円に近い形のラインで囲まれたエリア

マ行

マーク…P80、P109、P113、P118

相手チームの特定の選手に対して守備をすること

マシューズフェイント…P56

一方に足を踏み込み、もう一方の足の外側を使って逆側にボールを運んで相手をかわす技術

ミッドフィルダー…P18、P19

フォワードとディフェンダーの間でおもにプレーし、攻守に役割を担うポジション

ミドルサード…P95

フィールドを3分割したときの中央のエリア

ミドルシュート…P117

ペナルティーエリアの外あたりから打つ中距離のシュート

ミラーパス…P104

光が鏡に当たって反射するような角度で、入ったパスが受け手から展開されるパス

ラ行

ローリングダウン…P51

ゴールキーパーの技術。低いボールに対して体を倒して対応する

ワ行

ワンタッチ…P101

ボールに対して1回のタッチで、シュートやパスなどをおこなうこと

ワンツー（パス）…P100、P101

選手2人がワンタッチでのパス交換によって相手を抜くなどするプレー。「壁パス」ともいう

ゆめちゃん

サッカーってとっても楽しいね
大好きになりました！

マナブくん

ぼくも！　前よりもっと好きになりました
いっぱい練習してうまくなりたい！

著者　大槻邦雄先生

サッカーを楽しんで
続けてくれたら先生もうれしいです

おわりに

　サッカーは本当に素晴らしいスポーツです。ボール１つで、多くの出会いと経験を得ることができます。それは子どもたちだけでなく、かかわる保護者、指導者のみなさんにとっても同様です。

　サッカーに限らず、うまくいくこともあれば、うまくいかないこともあるかもしれません。それでも、「ボールをけると楽しいよね！」と思えるような時間を過ごしてほしいと心から思っています。

　〝明るく、楽しく、元気よく〟

　とにかくサッカーを楽しむ気持ちを忘れずにいてください。そして、サッカーを通して多くの人と出会い、豊かな人生を歩んでください。

[著者]

大槻邦雄

1979年4月29日生まれ。三菱養和サッカークラブジュニアユース、ユースを経て国士舘大学サッカー部でプレー。卒業後、JFLなどでプレーし、選手生活と並行して国士舘大学大学院スポーツシステム研究科を修了。2006年より三菱養和サッカースクールで指導者としてのキャリアをスタートさせ、各年代で全国大会を経験。クラブとしての実績を残すとともに多くのJリーガーの指導に携わった。現在はJリーグ水戸ホーリーホックでアカデミーの指導にあたっている。保護者も含めた多角的なアプローチで選手を育成するスペシャリストとして定評がある。中学校・高等学校教諭一種免許状（保健体育）を持つ。

撮影に協力してくれたみなさん

若葉サッカークラブ＋有志の方々

デザイン　　シーツ・デザイン
写真　　　　阿部卓功、菅原淳、ベースボール・マガジン社
イラスト　　竹口睦郁、いのまたさとみ
構成　　　　土屋雅史
編集　　　　星野有治（ライトハウス）
ウェア提供　株式会社アクオレ

こどもスポーツ練習Q&A
やってみようサッカー

2023年11月30日　第1版第1刷発行

著　者／大槻邦雄
発行人／池田哲雄
発行所／株式会社ベースボール・マガジン社
　　　　〒103-8482
　　　　東京都中央区日本橋浜町2-61-9　TIE浜町ビル
　　　　電話　03-5643-3930（販売部）
　　　　　　　03-5643-3885（出版部）
　　　　振替口座 00180-6-46620
　　　　https://www.bbm-japan.com/
印刷・製本／共同印刷株式会社

©Kunio Otsuki 2023
Printed in Japan
ISBN978-4-583-11490-3　C2075

＊定価はカバーに表示してあります。
＊本書の文章、写真、図版の無断転載を禁じます。
＊本書を無断で複製する行為（コピー、スキャン、デジタルデータ化など）は、私的使用のための複製など著作権法上の限られた例外を除き、禁じられています。業務上使用する目的で上記行為を行うことは、使用範囲が内部に限られる場合であっても私的使用には該当せず、違法です。また、私的使用に該当する場合であっても、代行業者等の第三者に依頼して上記行為を行うことは違法となります。
＊落丁・乱丁が万一ございましたら、お取り替えいたします。